이 일기책에서
‘내 안의 나’와
만나기를 소망합니다.

________년 _____월 _____일

________________________(서명)

마음의 일기

박민근 지음

Who I Am in 52 Questions

마음의 일기 사용법

한 개의 질문은 이해를 돕는 에세이 2페이지와 쓰거나 그리는 저널 2페이지로 구성되어 있습니다.

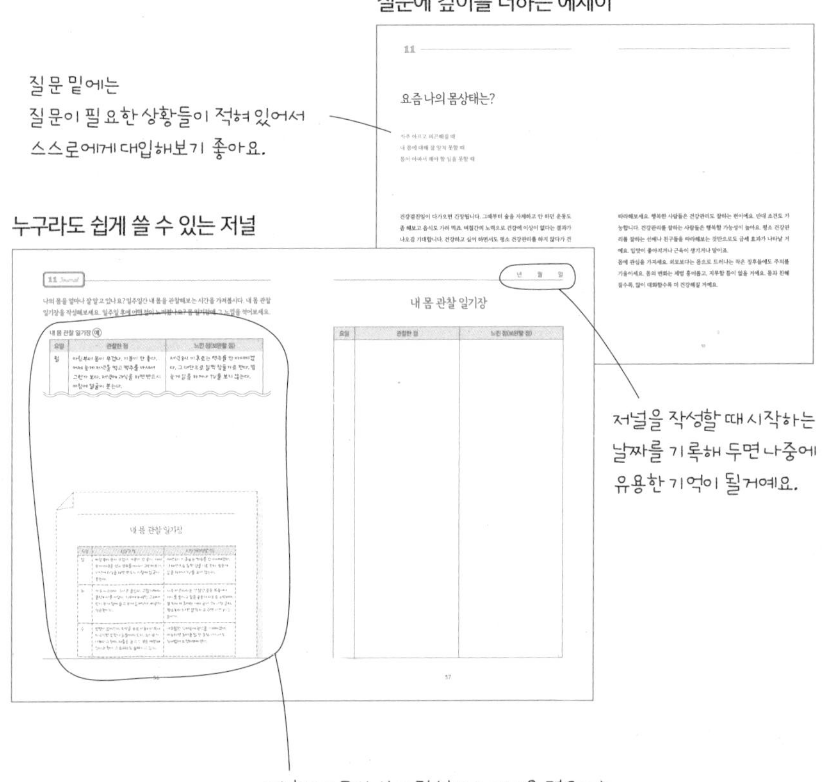

질문에 깊이를 더하는 에세이
질문 밑에는
질문이 필요한 상황들이 적혀 있어서
스스로에게 대입해보기 좋아요.
요즘 나의 몸상태는?
누구라도 쉽게 쓸 수 있는 저널
내 몸 관찰 일기장
저널을 작성할 때 시작하는
날짜를 기록해 두면 나중에
유용한 기억이 될거예요.

저널의 지문만 보고 작성하기 어려운 경우에는
예를 참고하면 좋아요.

1

좋은 분위기를 연출한다.

즐겨 듣는 음악, 좋아하는 향기, 아름다운 풍경 등 나의 청각과 후각, 시각을 최대한 활용하여 몸과 마음이 편안한 분위기를 만든다.

2

진실하게 쓴다.

일기는 친구와 같다. 진실한 우정이 친밀감을 주듯 솔직하고 진실하게 쓴 일기는 친밀한 우정이 주는 만족과 즐거움을 가져다준다.

3

가능한 한 빨리 쓴다.

빨리 쓰는 것은 의식적인 생각을 잠재울 수 있다. 그리하여 보다 더 직관적이며 무의식적인 정보를 얻을 수 있다.

4

날짜와 장소를 기록한다.

날짜와 장소를 기록해두면, 1~2년이 지난 뒤 그때가 언제였는지 정확히 기억해내지 못할 때 유용한 기억의 창고가 될 것이다.

5

나만의 비밀로 간직한다.

나의 일기를 읽어야 할 사람은 오직 나뿐이다. <마음의 일기>는 나만의 비밀 일기장으로 나만 쓰고 나만 읽는 유일한 책이다.

6

순서는 자유롭게 정한다.

52개 질문에 꼭 순서대로 대답하지 않아도 된다. 내 상황과 필요에 맞춰서 질문을 선택하고 대답해도 괜찮다.

"나를 정확하게 알고 싶었어"

한 번도 만난 적 없는 나를 찾아서

나를 알아야 나로 살아갈 수 있다

가끔씩 막막한 느낌이 들 때가 있습니다. 아무리 노력해도 나아지지 않는 느낌, 갈수록 내가 무엇을 원하는지 모른다는 느낌, 믿었던 관계가 흔들리는 느낌. 이럴 때 내 삶이 정체되었다는 생각이 들지는 않았나요? 만약 그렇다면 글쓰기를 시작해보세요.

화가를 꿈꾸다가 그 꿈을 접은 열여섯 살 무렵, 저는 몹시 우울하고 힘든 시간을 보냈어요. 그 시절 저를 버티게 해준 것은 오직 독서와 글쓰기였지요. 실은 독서보다는 더 많이 글쓰기에 매달렸어요. 글을 쓸 때마다 내면의 가시들이 또렷해지며 마음이 쓰라렸지만, 글을 쓰고 나면 전보다 더 많이 나에 대해 알게 되었습니다.

이렇듯 글쓰기에는 놀라운 치유의 힘이 있습니다. 하지만 아무 지침 없이 내키는 대로 글을 쓰는 것은 조금 위험할 수 있어요. 실제로 연구에 따르면 과거의 나쁜 생각을 반추하는 글쓰기나 일시적 카타르시스에 기대는 글쓰기는 위험할 수 있습니다. 글쓰기치료 연구가인 페니베이커는 치유적 글쓰기는 자신의 감정을 솔직하게 인정하는 것, 일관성 있는 스토리를 구성하는 것, 관점을 긍정적으로 바꾸는 것, 자기 목소리를 발견하는 것, 손으로 직접 쓰는 것과 같은 핵

심 원리를 따라야 한다고 당부하지요.
이 책에서 저널(Journal)이란 누구에게도 털어놓을 수 없는 나만의 비밀 일기를 의미합니다. 여러분은 이 책에서 누구나 따라 쓰거나 그리기 쉽게 만든 52개의 저널을 만나실 수 있습니다. 자신이 원하는 시간과 장소에서 오롯이 나와의 시간을 즐기고 싶을 때 이 저널들과 함께하세요.
나를 알아야 나로 살아갈 수 있습니다. 자, 마음을 열고 솔직한 마음을 써보세요. 숨어 있던 내 마음을 만나보세요. 펜을 들고 용기 있게 '마음의 일기'에 도전해보기를 바랍니다.

| 차례 |

나는 하루를 잘 사용하고 있을까?

일상생활

나는 내 감정에 솔직할까?

마음습관

나는 사랑받으며 살고 있을까?

인간관계

자기만의 방을 가지고 있는가?

자아탐색

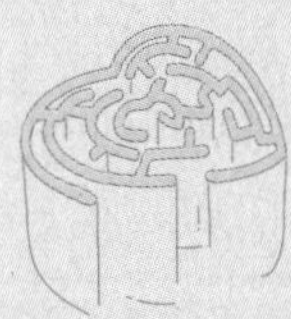

"우리가 가진 유일한 인생은 일상이다"

- 프란츠 카프카 -

나는 하루를 잘 사용하고 있을까?

일상생활

01

나는 누구일까?

문득 내가 낯설게 느껴질 때
내 삶의 의미를 찾고 싶을 때
내가 무엇을 원하는지 잘 모를 때

문득 거울을 볼 때가 있죠. 매무시를 살피거나 치장하기 위해서가 아니라 그저 나를 응시하면서요. 그러다 질문이 떠오릅니다. '나는 누구인가?' 사는 내내 수없이 되묻지만 이처럼 대답하기 어려운 질문도 없죠. 당신은 자기 자신에 대해 얼마나 알고 있나요?
자기의식이라는 말이 있습니다. 말 그대로 자기 자신을 이해하는 것이에요. 그리고 나를 잘 알수록 타인과 세상을 이해할 수 있어요. 그런데 우리는 대부분 내 '안'보다는 내 '밖'에 더 관심을 갖죠. 즉, 내가 나를 소외시키는 거예요. 그 결과 갈수록 자기의식이 느슨해질 수밖에 없습니다. 나아가 타인과의 관계도 힘들어질 수밖에 없겠죠.

나를 아는 것이 가장 중요합니다. 내 성격, 내 삶의 목표, 내가 추구하는 가치, 나에게 의미 있는 것들에 대해 제대로 아는지 하나씩 점검해보세요. 삶은 살게 되는 것이 아니라 살아가는 것입니다. 버려지는 시간이 아니라 스스로 만들어 가는 시간이 필요해요. 내 삶의 주인은 바로 나여야 하니까요. 더 이상 외면하거나 회피하지 말고 스스로에게 질문하세요. 나는 누구인가? 나답게 살고 있는가? 어두운 밤 같은 인생에 마음의 등대가 필요합니다. 나의 설계도와 나침반들을 하나씩 정리하는 시간을 가져보기 바랍니다. 자, 외면했던 자아의 문을 열어젖히세요.

01 Journal

1. 거울 속에 비친 내 모습을 1분간 바라보세요. 그다음 '나'라는 말에 연상되는 단어들을 아래의 거울 속에 3가지 이상 써보세요.

2. 거울 속에 적은 단어들을 사용하여 자기소개서를 작성해보세요. 망설이거나 멈추지 않고 적는 것이 좋습니다.

자기소개서

02

지금, 내가 원하는 것은?

정신없이 바쁘게 보낼 때
계절의 변화에도 무심할 때
하루하루가 별 느낌 없이 지나갈 때

이 봄, 이 여름, 이 가을, 이 겨울을 만끽해본 적 있나요? 우리는 사는 동안 겨우 수십 번의 봄을, 여름을, 가을과 겨울을 맞이할 따름입니다. 이 계절은 언제나 다시 못 올 내 생의 마지막 계절입니다. 죽음을 기다리던 때, 법정 스님이 한 법회에서 "이 봄날을 누리세요"라고 말했어요. 글자 그대로도 충분히 새길 만한 말씀이죠. 깊이 있는 외침입니다. 지금 이 봄을 누리지 못하면, 이 봄은 이제 내 곁을 떠나 영영 과거로 사라질 테니까요. 지금 못 보면 아무것도 볼 수 없습니다.

그렇다면 어떻게 계절을 누릴 수 있을까요? 방법은 참으로 단순합니다. 봄이라면 새로이 깨어나는 꽃을 감상하세요. 겨우내 움츠렸던 새들이 새로이 지저귀는 소리에 귀 기울여보세요. 겨울의 찬 기운이 남은 시냇물에 살며시 발을 담가보세요. 계절을 누리는 법은 비교적 쉽습니다.

행복도 마찬가지에요. 원하는 바를 성취했을 때 행복할 거라 생각하기 쉽지만, 정작 목표를 세우고 그것을 이루는 동안 얻는 행복은 미약합니다. 행복해지는 비결은, 지금 이 순간 자신이 온전히 향유할 수 있는 일을 한 가지 찾아 오롯이 즐기고 만끽하는 것이에요.

02 Journal

지금, 이 순간에 무엇을 느끼고 있나요? 지금 당장 가고 싶은 곳, 만나고 싶은 사람, 읽고 싶은 책 등 무엇이든 좋아요. 편안한 마음으로 지금 느끼는 것을 써보세요.

원하는 것은?

생각하는 것은?

가고 싶은 곳은?

읽고 싶은 책은?

만나고 싶은 사람은?

03

내 안에도 시인이 살고 있을까?

하루하루 감성이 메말라갈 때
낭만적인 시간을 갖고 싶을 때
마음이 무미건조하고 팍팍할 때

"가을 하늘 참 푸르다. 2006년 우리가 함께 갔던 가을 바다가 자꾸 떠오른다, 친구야." 제가 친구에게 보낸 문자 메시지예요. 조금 부족해도 이만하면 시라고 부를 수 있지 않을까요. 시를 어렵게 생각하지 않는다면 말이죠. 시 연구가들은, 시는 언어를 가진 인간에게 자연발생적인 양식이라고 말합니다. 우리는 모두 태생적으로 시인인 거예요. 언어로 마음을 표현하면 그게 시입니다. 시가 어떠해야 한다는 선입견만 버린다면 얼마든지 내 안에 잠든 시인을 깨울 수 있어요. 사실 우리에게 시가 어려운 것은 제대로 향유하는 능력이나 기술이 부족해서가 아니라 상대에게 마음을 전할 용기가 없거나 의지가 부족해서일 거예요. 시 쓰기는 용기를 내야 하는 일입니다.

시를 써서 마음을 표현하거나 아니면 좋은 시를 공유해보세요. 시적 표현을 써보는 것은 행복과 자기고양을 한껏 누리는 최고의 방법일 거예요. 다음 방법을 따라해보면 시 쓰기가 한결 쉬울 것입니다.

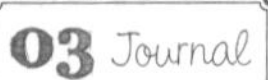

내 방 서재에 꽂혀 있는 시집들을 쭉 둘러보세요. 손때 묻은 시집들 중에서 가장 애착이 가는 시집을 한 권 고르세요.

1. 내가 즐겨 읽는, 가장 좋아하는 시는 무엇인가요? 그 시 한 편을 써보세요.

나의 애착시

2. 그 시의 제목이 무엇인가요? 같은 제목으로 자작시를 써보세요. 잘 쓰지 않아도 됩니다. 종이 위에서 한 번 춤을 춰보세요.

나의 자작시

04

힘들 때마다 떠올리는 한 마디는?

혼자서 조용히 있고 싶을 때
마음에 힘을 주는 책을 읽고 싶을 때
힘들 때마다 힘이 되는 무엇이 필요할 때

저는 이 말을 자주 되뇝니다. "인생은 과감한 모험이든가, 아니면 아무것도 아니다." 심한 장애에도 불굴의 의지를 지녔던 헬렌 켈러의 말이에요. 이 말을 되뇌면 제 심장이 뜨거워지는 게 느껴집니다. 가만있거나 포기하지 말고 도전해봐야겠다는 기운을 얻곤 해요. 깜깜한 지하실 같은 삶에서 벗어나야 하는 이유는, 언젠가는 이 소중한 삶도 끝이 있을 것이기 때문이에요. 영원한 삶이 주어진다면 모험을 포기할 사람도 많겠죠. 그러나 그런 일은 불가능합니다. 생은 단 한 번뿐이고, 생명은 유한하니까요.

평소 자주 떠올리는 좋은 문장은 우리의 생각과 정서, 행동을 움직이는 동력이 되기도 합니다. 좋은 문장을 얼마나 많이 아는가가 그 사람의 행복을 좌우할 수 있어요. 힘든 현실에서 긍정적인 문장, 현자들의 격언과 명언, 따뜻한 위로의 말을 기억해낼 수 있죠. 그리고 그 덕분에 우리는 다시 한 번 힘을 내게 됩니다. 좋은 문장을 찾아보세요. 좋은 문장을 적어두세요, 그리고 기억하세요. 생각날 때마다 기억해둔 좋은 문장을 떠올리며 기운을 얻으세요.

04 Journal

평소 자주 떠올리는 한 문장이 있나요? 외로울 때 우울할 때 힘들 때처럼 나를 위로해줄 한 문장을 알고 있으면 큰 힘이 됩니다.

아래와 같이 다양한 상황별로 문장카드를 만들어보세요.

① 요즘 내가 즐겨 읽는 책들을 펼쳐 놓아보세요. 그 속에 밑줄 그은 문장들이나 기억하고 싶은 문장들을 찾아보세요.
② 또, 자주 쓰는 노트나 스마트폰에 기록해둔 명언이나 글들도 한데 모아보세요.
③ 이제 상황별로 도움을 주는 한 문장을 고르고 각각의 문장 카드에 써보세요.

내마음이
슬플때

“

”

년 월 일

내마음이
불안할 때

“

”

05

두고두고 기억하고 싶은 순간은?

현재의 삶이 고통의 나날일 때
오래된 사진이나 앨범을 펼쳤을 때
행복했던 시간을 두고두고 기억하고 싶을 때

옛날 앨범을 펼쳐보면 절로 미소가 떠오르죠. 앨범 속 지나간 시간들은 온통 행복으로 채워진 듯, 안 좋았던 기억은 빛이 바래고 이제는 좋았던 기억만 간직하고 있어요. 행복했던 시간의 힘에 기대 오늘도 살아갈 기운을 얻는 것은 아닐까 싶은 때가 종종 있어요. 행복한 기억만큼 든든한 보험이 또 있을까요.

하버드대학교의 베일런트 교수는 인생에서 일어나는 수많은 고통이 가진 의미와 가치를 우리 상식과는 조금 다르게 설명합니다. 인생에서 기쁨과 비탄은 섬세하게 직조되어 있어서 고통에는 항시 밝은 뒷면이 존재하며, 우리는 적응과 성숙을 통해 "쇳조각도 금으로 변화시킬 수 있는" 여력을 가지고 있다는 것이죠. 우리는 슬픈 가운데서도 얼마든지 기쁨의 조그만 자락을 발견할 수 있어요. 슬픈 나날 가운데서도 기쁨의 흔적들을 추적할 수 있는 탐지장치가 있기 때문이에요. 우리가 역경과 고난에 굴하지 않고 살 수 있는 것도 상당 부분 그 덕분이죠.
당신에게 빛과 희망을 선사했던 기쁜 일들을 잘 기억하고 있나요? 바쁜 일상 가운데 어쩌면 어린 시절 당신을 지켜주던 그 따듯하고 벅찼던 기억들을 까맣게 잊고 사는 것은 아닌가요?

05 Journal

당신에게 빛과 희망을 선사했던 기쁜 일들을 잘 기억하고 있습니까? 바쁜 일상 가운데 어쩌면 어린 시절 당신을 지켜주었던 그 따듯하고 벅찼던 기억들을 까맣게 잊고 사는 것은 아닌가요? 당신의 어린 시절 중에서 가장 행복했던 순간을 추억의 필름 안에 써보세요.

년 월 일

06

나의 희망목록 100가지는?

앞날을 생각하면 우울해질 때

꿈보다 현실에 의지하게 될 때

원하는 것이 딱히 생각나지 않을 때

어렸을 때 <엄마 찾아 삼만리>라는 만화영화를 아주 재미있게 시청했습니다. 마르코는 아르헨티나로 돈을 벌러 간 엄마를 만나기 위해 돈을 모아 밀항을 하죠. 이탈리아 제노바에서 부에노스아이레스까지 갔지만 엄마는 다시 어디론가 가고 없습니다. 어린 마르코는 낯선 땅에서 고된 삶을 참고 견디며 엄마를 찾아 나섭니다. 언젠가는 엄마를 만날 수 있으리라는 '희망'만을 붙든 채 말이죠. 마르코에게 그 희망이 없었다면 어떻게 됐을까요?

희망 없는 삶이란 어떤 것일까요? 자신의 처지를 비관하며 그런 상황을 벗어나기 위한 노력을 멈춘 상태일 것입니다. 심리학자들은 우울증의 주된 증상으로 무망감(無望感, hopelessness)을 꼽아요. 이는 글자 그대로 희망이 없다고 느끼는 것'을 의미합니다. 체계적으로 연습하고 노력하면 건강하고 실질적인 희망감을 높일 수 있어요. 우울한 나머지 전혀 운동을 하지 않는 사람이 있다면 그는 자기 앞날에 좋은 일은 없을 것이라고 생각하며 운동을 하지 않는 자신을 합리화할 것입니다. 하지만 조금만 희망적으로 생각하고 조금씩이라도 운동을 시작하면, 전에는 느낄 수 없었던 긍정적 정서를 새롭게 발견하게 될 거예요. 가령 '무슨 일이든 하려면 체력이 중요하니까'라며 운동에 충실할 수 있다면요. 비록 자신이 바라는 원대한 꿈과는 거리가 있는 일일지라도 우리는 일상에서 얼마든지 희망을 실천할 수 있습니다.

나의 희망 사항 100가지

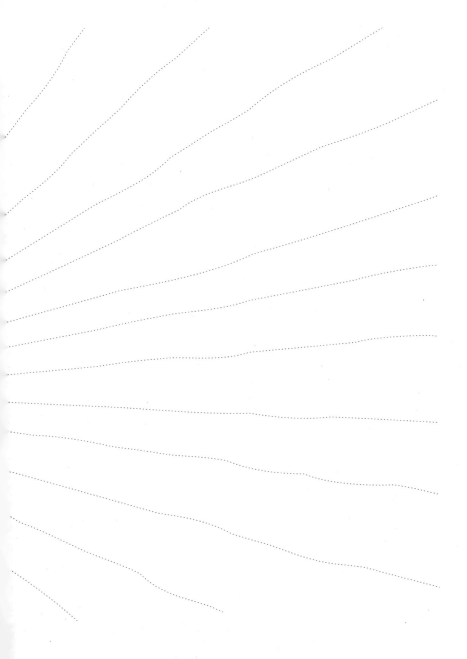

07

혼자서 시간을 보내는 방법은?

혼자 있는 것을 좋아하지 않을 때

하루에 1시간도 혼자 있지 못할 때

항상 사람들 속에서 북적이면서 지낼 때

정신없이 바쁘게 돌아가는 세상에서

우리 자아와 너무 오래 떨어져 지쳐갈 때,

세상사가 지겹고, 세상이 주는 기쁨에 진력이 날 때,

얼마나 반갑고, 얼마나 상냥한가, 고독은

영국의 낭만파 시인 윌리엄 워즈워스의 시입니다. 약 200년이 지난 오늘을 사는 우리에게도 따뜻한 위로가 되는 시예요. 거리에서 마주치는 수많은 낯선 사람들 속에서, 바쁘게 진행되는 각종 회의와 미팅과 약속들 속에서 표류하는 나에게 혼자 있는 시간을 선물하세요.

그럼에도 고독에 대해 막연한 두려움을 느끼는 사람들이 많아요. 현대인이 느끼는 고독의 특징은 '익명 속의 고독'의 성격이 짙죠. IT기술이 발달하면서 SNS

등으로 수많은 사람과 연결돼 있음에도 쉽게 고립감을 느끼며 불안해합니다. 하지만 고독 없이는 성장도 독창성도 기대하기 힘들어요. 많은 예술가들의 창작품은 자기와의 외롭고 치열한 싸움의 결과물입니다. 세계 여성 불교의 큰 스승으로 존경 받는 텐진 팔모 스님은 12년 동안 혼자서 은둔하며 수행을 쌓았죠. 혼자 있는 시간을 잘 보내면 값진 보상이 따릅니다. SNS 등 모든 접속을 끊고, 모든 연결을 차단한 채 오롯이 나 혼자서 나를 느끼는 시간을 가지세요. 때로는 위로로, 때로는 성장으로. 고독을 즐기세요.

07 Journal

1. 혼자여야만 할 수 있는 일을 10가지 정도 생각해 보세요. (TV시청, 스마트폰 제외)

첫째,

둘째,

셋째,

넷째,

다섯째,

여섯째,

일곱째,

여덟째,

아홉째,

열째,

2. 자기만의 시간을 얼마나 즐기고 있나요? 고독의 시간이 적다면 조금씩 늘려 봅시다. 고독의 시간을 보내고 난 후의 느낌을 적어보세요.

08

나는 하루를 잘 사용하고 있을까?

하루 일과가 버겁게 느껴질 때

완벽한 상태가 아니면 불안해질 때

아무리 노력해도 부족하다고 느낄 때

최고가 돼라! 완벽해져라! 참 익숙하게 본 단어죠. 최고를 지향하고 완벽을 추구하기 위해 노력하는 이유는 더 나은 삶을 기대하기 때문일 텐데요. 자신을 끝없이 몰아쳐서 실력을 쌓은 결과 경제적으로는 조금 더 여유가 생겼을 수 있고, 더 높은 위치에 올랐을 수는 있겠죠. 그렇게 해서 더 행복해질까요? 완벽해져야 한다는 과도한 압박감에 짓눌려 과로와 스트레스, 자기비하에 좌절감을 더 많이 느끼지는 않았나요.

이제 스스로에게 관대하게 대해주세요. 행복한 삶, 건강하고 균형 잡힌 인생을 살기 위해 불완전한 자기를 받아들이세요. 마음의 병은 대부분 불완전한 자신을 인정하기 힘들 때 생기거든요. 심리학자 탈 벤 샤하르 교수는 '최적주의자'가 되자고 제안합니다. 자신의 에너지 한계 안에서 일과 삶의 여러 요소들을 최적의 조합으로 재배치하는 것이죠. 무턱대고 완벽해지려고 애쓰다 보면 불안과 자기고갈을 초래하기 쉽습니다. 사람마다 에너지 수준이 달라요. 누군가를 따라하기보다 자신의 에너지 수준을 잘 이해하고 자신의 한계 안에서 삶을 디자인하세요. 그것이 나를 위한 삶을 사는 지름길입니다.

하루 에너지 예산 정하기

1. 아래 그림은 하루에 사용 가능한 에너지 총량을 파이 모양으로 표현한 것입니다.
   (에너지 총량은 정신적 활동 기준)
   ① 자신이 하루에 사용 가능한 에너지 총량과 해야 할 일을 생각해보세요.
   ② 에너지 파이 안에 해야 할 일과 에너지를 퍼센트(%)로 기재하세요.

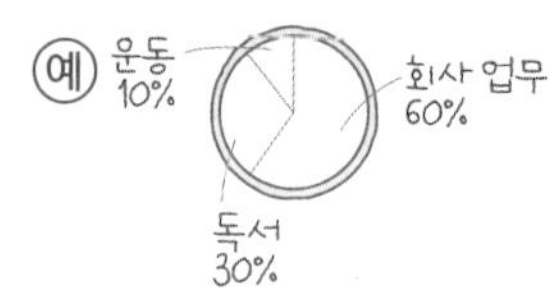

나의 하루 실제 에너지 파이 사용기록

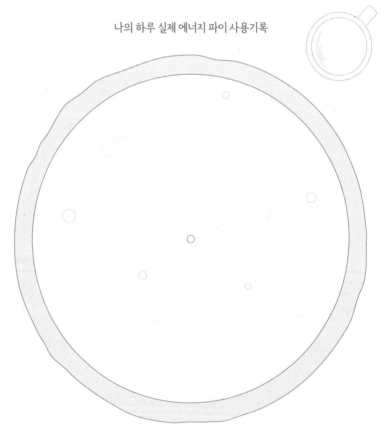

2. 나의 하루 에너지 파이를 관찰해보세요. 에너지 파이는 나의 현재 우선순위를 보여줍니다. 이 중에서 우선순위를 바꾸거나, 늘리거나, 줄이거나 혹은 없애고 싶은 파이 조각이 있나요? 그렇다면 그 항목들을 아래 에너지 파이 안에 적어보세요.

나의 하루 에너지 파이 사용계획

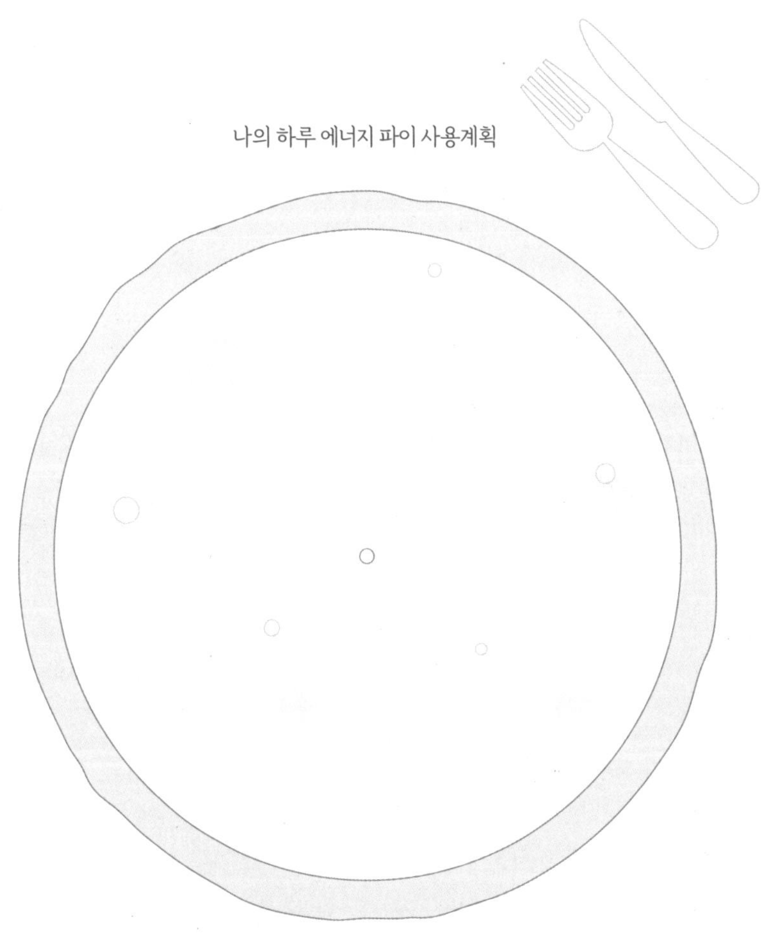

09

요즘 내가 흠뻑 빠져 있는 일은?

무엇을 해도 집중하기 힘들 때
재미있는 일이 떠오르지 않을 때
한 가지 일을 지속적으로 하기 어려울 때

'골똘하다'는 한 가지 일에 온 정신을 쏟아 딴생각이 없는 상태를 말하죠. 어렸을 때를 떠올려보면 친구들과 노느라 재미있는 책을 읽느라 정신이 팔려 시간이 가는 줄 모르고 다른 일을 잊곤 했어요. 그 시절에 우리는 참 신났고 많이 웃었습니다. 요즘 어떤 일에 골똘한가요?

몰입하지 못하는 삶은 허전하고 무료하죠. 몰입은 나와 내가 하는 일이 하나가 되는 최고의 경험이에요. 단지 즐겁다거나 흥미롭다 같은 감정으로는 대신할 수 없는 깊은 기쁨, 뿌듯한 만족감을 경험하게 되죠. 그래서 항상 몰입할 대상을 찾고, 몰입에서 행복의 조건들을 마련할 때가 많아요. 몰입하면 성취감을 느끼게 되고, 이 성취감이 강한 자아를 만듭니다. 영혼이 강해지죠.

몰입이 사라지면 생의 가치나 의미도 상실하기 마련입니다. 몰입에 관한 많은 실험 결과, 몰입이 사라진 삶은 우울하다는 결과를 확인했죠. 일상에서 몰입과 즐거움의 요소가 사라지면 우울증이나 불안장애와 비슷한 심리 상태에 빠지기 쉽습니다. 만약 평소 퍼즐 맞추기를 즐기는 사람에게 일주일 동안 이 일을 못하게 막으면 그는 심한 불안과 우울을 호소한다고 해요.
몰입하기 위해서는 목적이나 이유를 잊어야 합니다. 점수나 등수를 올리기 위해 공부를 하면 온전히 몰입하기 어렵죠. 앎 자체에 집중할 때 공부하는 과정을 즐길 수 있습니다. 잘해야 한다, 빨리 익혀야 한다는 욕심을 버리고 연습하고 또 연습하세요. 일 자체에서 느낄 수 있는 감정과 생각, 만족감에 최대한 집중해보세요. 결과는 생각지 말고, 지금을 즐겁게 즐기세요.

09 Journal

1. 요즘 내가 가장 재미있다고 느끼는 일들을 모두 써보세요.

2. 1번 목록 중 결과에 상관없이 빠져 들었던 일은 무엇인가요?

3. 나를 몰입하게 만든 일들로 인해 어떤 긍정적인 영향을 받았나요?

4. 만약 무엇을 해도 쉽게 그만두거나 별 흥미를 느끼지 못한 적이 있나요? 그렇다면 내가 몰입하지 못하는 이유를 써보세요.

10

나만의 건강습관은?

몸이 자주 아플 때
쉽게 피곤함을 느낄 때
주말에도 쉬지 않고 일을 할 때

건강은 선택의 문제가 아닌 책임의 문제입니다. 그럼에도 건강을 잃고 나서 뒤늦은 후회를 하는 경우가 많습니다. 건강학자들은 이를 만성질환의 덫이라고 말해요. 고혈압이나 당뇨, 비만 같은 만성질환은 죽음이 쉽게 찾아오는 질병도 아니어서 고통의 시간이 수십 년 이상 길어지기도 하죠. 건강은 한 번 잃고 다시 회복하기가 평소 건강을 지키는 일보다 몇 배는 힘듭니다. 건강은 건강할 때 챙겨야 해요.

평소 내 몸에 귀 기울이는 습관을 기르세요. 충분히 햇볕을 쬐고 적당한 운동과 양질의 숙면에 신경 쓰세요. 오메가3 지방산을 섭취하는 것도 중요합니다. 대사 작용에 필수적인 영양소인데 체내에서 생성되지 않기 때문에 반드시 음식으로 섭취해야 해요. 등 푸른 생선이나 호박씨, 아마씨 등에 풍부하게 함유돼 있어요.

몸의 건강 못지않게 마음 건강도 중요해요. 몸과 마음이 따로 존재하지 않죠. 몸이 아프면 마음이 약해지고, 마음이 위축돼 있으면 몸도 기운이 빠지는 경험을 다들 해봤을 것입니다. 세계보건기구 WHO도 건강을 정신적·육체적·영적 건강이 함께하는 것이라고 정의해요. 내 몸에도 내 마음에도 귀 기울여주세요.

10 Journal

1. 몸이 건강하면 마음도 건강해집니다. 내 마음을 다스리기 힘들다면 먼저 몸을 바꿔보는 것도 좋습니다. 그럼 일주일 동안 건강습관에 도전해봅시다.

나의 건강 다이어리(1주간)

요일	몸을 움직이기	햇볕 쬐기	잘 자기	오메가3 섭취
일요일	걷기 30분 이상	낮에 산책 1시간	8시간	시금치 먹기

2. 일주일 동안 건강 다이어리를 써보면서 느낀 점은 무엇인가요? 잘한 점과 부족한 점을 적어 보세요.

ㅇ 잘한 점

ㅇ 부족한 점

11

요즘 나의 몸상태는?

자주 아프고 피곤해질 때

내 몸에 대해 잘 알지 못할 때

몸이 아파서 해야 할 일을 못할 때

건강검진일이 다가오면 긴장됩니다. 그때부터 술을 자제하고 안 하던 운동도 좀 해보고 음식도 가려 먹죠. 며칠간의 노력으로 건강에 이상이 없다는 결과가 나오길 기대합니다. 건강하고 싶어 하면서도 평소 건강관리를 하지 않다가 건강을 잃고 나서야 뒤늦게 후회하는 사람들이 참 많아요. 왜 자기 운명을 앞질러 일찍 죽음을 맞이하려 할까요?

심리학자 대니얼 길버트는 사람들이 행복을 추구하면서도 행복에 쉬이 이르지 못하는 이유가 미래를 제대로 예측하지 못하는 인지적 편향 때문이라고 설명합니다. 인간은 흔히 지금 주어진 자신의 상황이나 좁은 사고 안에서 미래를 예측하기 때문에 실제 미래의 일이나 감정과는 전혀 다른 엉뚱한 결과를 상상할 때가 많다고 말이죠.

따라해보세요. 행복한 사람들은 건강관리도 잘하는 편이에요. 반대 조건도 가능합니다. 건강관리를 잘하는 사람들은 행복할 가능성이 높아요. 평소 건강관리를 잘하는 선배나 친구들을 따라해보는 것만으로도 금세 효과가 나타날 거예요. 입맛이 좋아지거나 근육이 생기거나 말이죠.

몸에 관심을 가지세요. 외모보다는 몸으로 드러나는 작은 징후들에도 주의를 기울이세요. 몸의 변화는 제법 흥미롭고, 지루할 틈이 없을 거예요. 몸과 친해질수록, 많이 대화할수록 더 건강해질 거예요.

11 Journal

나의 몸을 얼마나 잘 알고 있나요? 일주일간 내 몸을 관찰해보는 시간을 가져봅시다. 내 몸 관찰 일기장을 작성해보세요. 일주일 후에 어떤 점이 느껴졌나요? 몸 일기장에 그 느낌을 적어보세요.

내 몸 관찰 일기장 ㊎

요일	관찰한 점	느낀 점(보완할 점)
월	아침부터 몸이 무겁다. 기분이 안 좋다. 어제 늦게 저녁을 먹고 맥주를 마셔서 그런가 보다. 저녁에 과식을 하면 반드시 아침에 얼굴이 붓는다.	저녁 8시 이후로는 맥주를 안 마셔야겠다. 그 대안으로 일찍 잠들기로 한다. 밤늦게 일을 하거나 TV를 보지 않는다.

내 몸 관찰 일기장

요일	관찰한 점	느낀 점(보완할 점)
월	아침부터 몸이 무겁다. 기분이 안 좋다. 어제 늦게 저녁을 먹고 맥주를 마셔서 그런가 보다. 저녁에 과식을 하면 반드시 아침에 얼굴이 붓는다.	저녁 8시 이후로는 맥주를 안 마셔야겠다. 그 대안으로 일찍 잠들기로 한다. 밤늦게 일을 하거나 TV를 보지 않는다.
화	자주 피곤하다. 수시로 졸립다. 그럴 때마다 블랙커피를 마신다. 하루에 4~5잔. 그래서인지 늦게 잠에 들고 늦게 일어난다. 피곤의 악순환이다.	자주 피곤하다는 건 일단 운동 부족이다. 커피를 줄이고 잠을 충분히 자도록 노력하자. 밤 10시 이후에는 커피 금지. TV 시청 금지. 평소보다 1시간 일찍 자고 수면 시간 1시간 늘이자.
수	입맛이 없어진다. 외식을 주로 이용하다보니 자극적인 입맛에 길들여져 있다. 조미료가 나쁘다고 한다. 체중은 늘고 신경은 예민해진다고 한다. 스트레스도 높아지고 있다.	내추럴한 식재료에 관심을 가져야겠다. 가능하면 조미를 덜 한 음식. 마이너스 식사법에 도전해봐야겠다.

년 월 일

내 몸 관찰 일기장

요일	관찰한 점	느낀 점(보완할 점)

12

나답게 사는 삶의 철학은?

문득 일상이 공허해질 때

나답게 사는 것이 어려울 때

의미 있는 하루를 살고 싶을 때

오늘 하루 어떤 생각들을 했나요? '생각'이라는 단어가 낯설게 느껴지나요? 생각 없는 삶. 비단 당신만의 문제는 아니에요. 우리 대부분은 생각 없는 삶에 익숙해 있어요. 몸에 익은 패턴대로 살아도 일상에 큰 문제가 생기지 않기 때문이에요. 하지만 이렇게 보내는 하루하루는 내가 '사는' 게 아니라 그냥 '흘려보내는' 시간은 아닐까요?

내 삶의 주인으로서 '살기' 위해서는 내가 진짜 원하는 삶의 가치를 발견하고 실천해 나가는 노력이 필요합니다. 나답게 사는 삶인 것이죠. 다르게는 생각하는 삶, 곧 철학하는 삶이라고 부를 수도 있을 거예요. 철학 하면 머리 지끈거리는 철학자들만의 영역이라고 학문의 영역으로 한정 짓곤 하는데, 나에게 꼭 맞는 삶, 내가 정말 바라는 삶은 어떤 것인지 탐구하는 자세 역시 철학이에요.

나답게 살고 있을까, 나다움이란 무엇일까 하는 질문을 스스로에게 던져보세요. 그리고 '생각'해보세요. 철학하는 삶은 그 생각에서부터 출발합니다. 어렵지 않아요.

12 Journal

1. 다음은 철학의 제왕, 프리드리히 니체의 말입니다. 한 글자씩 음미하면서 따라 써보세요.

"언젠가 날기를 배우려는 사람은
우선 서고, 걷고, 달리고, 오르고, 춤추는 것을 배워야 한다.
사람은 곧 바로 날 수 없다."

2. 내 삶에서 날아오르기 위해 무엇이 필요한가요? 종이 위에서 자유롭게 써보세요.

13

나만의 재충전 방법은?

제대로 쉬지 못한 날들이 많을 때
스트레스가 가득 차올랐을 때
피곤하고 자꾸 몸이 무거워질 때

'열심히 일한 당신, 떠나라.' 이 광고 문구를 기억할 것입니다. 우리나라 사람들의 노동 시간이 길고 노동 강도가 세기로 유명하죠. 일은 잘하는데 잘 쉬지 못하는 사람들을 의외로 많이 봅니다. 일과 삶의 균형추가 심각하게 일 쪽으로 기울어 있죠. 주말은커녕 밤낮 없이 일만 하다 번아웃 증후군으로 고생하는 사람들이 부쩍 늘고 있어요. 번아웃 증후군에 빠지면 마치 몸 안의 에너지가 모두 방전된 듯 매사에 의욕을 잃게 됩니다. 깊은 무기력감과 함께 탈진 증상이 찾아오죠. 핸드폰도 배터리가 방전되면 전원이 꺼지듯 우리의 심신도 방전이 되면 되살리기까지 노력과 시간이 걸리기 마련이에요. 의욕이 바닥나고, 창조성이 훼손되며, 심신의 균형이 깨어지고, 정신적 황폐가 찾아오면 결국 모든 불이익은 나 혼자서 고스란히 감당해야 합니다.

여러 사정으로 휴식이 사치처럼 느껴질 수 있어요. 그럼에도 온갖 지혜를 발휘해 쉴 수 있는 시간과 방법을 만들어야 합니다. 오히려 쉬었다 일할수록 더 능률도 오르고 성과도 좋아지는 경험을 한 번쯤 해봤을 거예요. 그때의 기억을 되살려보세요.

우리의 정신은 어떠한 한계 상황에서도 이성과 감성, 정신과 육체, 삶과 놀이의 균형을 추구하려 합니다. 생계를 위해, 소명을 위해, 잠재력을 펼치기 위해 일은 반드시 필요하지만 결코 일만 하고 쉬지 않는 바보가 되어서는 안 되겠죠. 충분히 잘 쉬어야 다시 즐겁게 일할 기운을 얻습니다. 최선을 다해 휴식을 취하세요.

13 Journal

1. 이제부터 하루에 1시간씩 쉬는 연습을 해봅시다. TV나 스마트폰 등은 멀리하고 가급적 혼자 쉬는 연습을 해보세요. 업무와 상관없는 책을 읽거나 꼭 보고 싶었던 영화를 한 편 감상하면서 쉬는 것도 좋겠지요.
앞으로 이틀 안에 어느 시간, 어디서 어떻게 쉴 것인지, 휴식계획을 세워보세요.

잊지 말아야 할 점은 휴식은 또 다시 어떤 일을 애써서 해내는 것이 아닙니다. 뭔가 많은 노력과 힘이 드는 일이라면 휴식이 아니라 또 다른 일이 될 테지요. 순수한 여가, 휴식, 놀이만으로 충실하게 계획을 세워보세요. 짧은 휴식도 건강에 좋습니다.
3분 스트레칭, 5분 명상하기, 10분 걷기, 15분 눈감고 있기, 20분 음악듣기, 30분 낮잠 자기, 한 시간을 다 내지 않아도 쉴 수 있는 방법은 얼마든지 있습니다. 그러니 자신의 일과 안에 최대한 휴식 포인트를 마련하세요.

휴식 계획표 (예)

요일	나만의 휴식법	휴식 시간	느낀 점(보완점)
월	혼자서 동네 산책하면서 사진 찍기	1시간	느리게 걸으면서 평소 생각하지 못한 것을 곰곰히 생각해보는 시간을 가질 수 있어서 좋았다.

2. 충분히 휴식을 취했나요? 잠깐의 휴식이 내게 준 유익을 적어보세요.

휴식 계획표

요일	나만의 휴식법	휴식 시간	느낀 점(보완점)

14

내 인생의 점수는 몇 점일까?

나쁜 일을 잘 넘기고 싶을 때
힘든 일이 연이어 터진다고 느낄 때
마이너스 인생을 살고 있다고 느낄 때

국경 지역에 한 노인이 살았어요. 하루는 기르던 말이 국경을 넘어 도망쳤어요. 사람들이 걱정하자 노인은 "어찌 화라고만 하겠는가"라고 할 뿐 태연했어요. 몇 달 후 도망쳤던 말이 암컷을 데리고 돌아왔습니다. 사람들이 기뻐하자 노인은 "어찌 복이라고만 하겠는가"라고 할 뿐 기뻐하지 않았어요. 며칠 후 노인의 아들이 말을 타다 떨어져 다리가 부러졌습니다. 사람들이 근심하며 위로의 말을 건네자 노인은 "이 일이 복이 될지 어찌 알겠는가"라고 대꾸했습니다. 과연 얼마 후 전쟁이 일어나 다리를 다친 노인의 아들은 징집을 면할 수 있었어요. 잘 아는 '새옹지마塞翁之馬'의 고사입니다.

이렇듯 인생은 변화무쌍합니다. 기쁜 일과 슬픈 일이 끊임없이 반복되죠. 인생은 기쁨과 슬픔, 행운과 불운이 날실과 씨실처럼 엮이며 이어집니다. 기쁜 일만 있는 인생도 아니고, 슬픈 일만 있는 인생도 없어요. 일희일비하는 것만큼 어리석은 일도 없죠. 개방적이고 유연한 삶의 자세가 중요합니다. 인생 희비의 파도를 이해하세요. 자주 힘들고 또 슬퍼지겠지만 곧 다시 웃게 될 거예요.

14 Journal

1. 인생 대차대조표를 작성해보세요. 내 인생은 과연 몇 점일까요?

①지금껏 겪어온 좋은 일과 나쁜 일을 기억나는 대로 적으세요.
②각각의 좋은 일과 나쁜 일에 정도에 따라 점수를 부과하세요.(5점 만점)
③좋은 일과 나쁜 일의 합을 내세요.

인생 대차대조표

좋았던 일	점수	나빴던 일	점수

2. 내 인생의 좋은 일과 나쁜 일의 합계가 나왔나요? 그 합계를 보면서 어떤 점을 느꼈나요?

3. 만약 나쁜 일이 많았다면 앞으로 어떤 노력을 할 수 있을까요?

15

오늘이 내 삶의 마지막 날이라면?

삶의 우선순위를 정하고 싶을 때
앞날이 안개처럼 뿌옇게 보일 때
새로운 인생을 설계해보고 싶을 때

일 년에 한 번씩은 내 삶을 마무리하는 시간을 가져보면 좋습니다. 마지막의 의미를 알고 있다면 지금 이 순간의 소중함을 새삼 느끼게 되니까요. "내일 지구가 멸망한다 해도 나는 한 그루의 사과나무를 심겠다." 마틴 루터는 이렇게 말했죠. 당신은 만약 내일 지구가 멸망한다면, 다시 말해 오늘이 내 인생의 마지막 날이라면 당신은 무엇을 하고 싶은가요? 언젠가 마지막 날이 올 줄 알지만 갑작스럽게 그날이 오면 대부분 당황할 거예요. 마지막은 늘 예기치 않게 닥치죠. 평소 내 삶과 이별할 마음의 준비를 하면서 살면 삶을 잘 마무리할 수 있다고 합니다. 그리고 잘 살수록 잘 죽을 수 있다고 하고요.

남은 시간이 길지 않습니다. 후회 없이 내 삶과 작별하기 위해 반드시 해야 할 일들이 있을까요? 마지막으로 보고 싶은 얼굴들이 떠오를 수 있겠죠. 사랑한다고 또는 미안하다고 말하고 싶은 사람도 있을 테고요. 아니면 마지막 순간까지 오직 나 자신과 작별할 시간을 가질 수도 있을 거예요. 마지막 순간과 맞닥뜨려야만 알게 되는 것들이 있습니다. 그것이 내 삶에서 진정 소중한 것일 거예요.

15 Journal

자, 오늘이 내 인생의 마지막 날이라고 가정해봅시다. 이제 나의 유언장을 쓰면서 지나온 삶을 차분히 생각해보세요.

유 언 장

- 가족에게 남기고 싶은 말

- 소중한 사람들에게 전하고 싶은 말

년 월 일

ㅇ 나에게 해주고 싶은 말

ㅇ 마지막으로 꼭 하고 싶은 말

년 월 일

계약자

"참으로 삶의 중심이 되는 일은 나 자신을 사랑하는 일이다."

- 조 쿠더트 -

나는 내 감정에 솔직할까?

마음습관

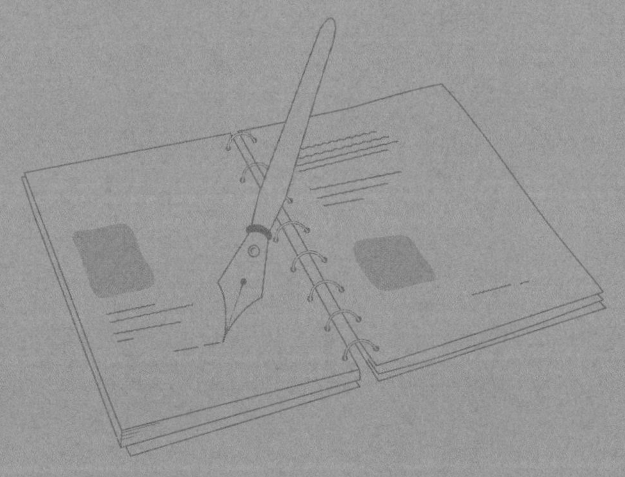

16

언제나 힘이 되는 마음의 안식처는?

에너지를 얻고 싶을 때
문화적으로 쉬고 싶을 때
나만의 충전거리를 찾고 싶을 때

'힐링'이 넘쳐납니다. 그만큼 사는 게 외롭고 불안하고 힘들다는 반증이겠지요. 스스로 마음을 치유할 방법 하나쯤 갖고 있으면 좋겠죠. 속내를 터놓을 수 있는 친구도 좋고, 가만히 들여다보고 있으면 마음이 편안해지는 그림 한 점, 사진 한 점도 위로가 될 수 있어요. 어수선하던 마음이 진정되는 음악을 듣는 것도 도움이 되고, 정성껏 만든 밥 한 그릇이 마음을 든든하게 채우기도 하죠. 저는 이런 것들을 '마음의 지원군'이라 부릅니다.

마음을 치유하는 매체들이 있어요. 상처 입은 영혼을 달래는 매체 말이죠. 치유력을 갖고 있는 책을 읽는 것도 좋은 방법입니다. 검증된 치유서를 가까이 하세요. 뛰어난 화가들의 그림들을 가까이 하세요. 미술 감상치료나 사진치료는 대표적인 심리치료의 방법이에요. 치유력을 갖고 있는 음악을 자주 들으세요. 좋은 치유 음악은 한 편의 시처럼 우리 마음을 순결하고 따뜻하게 위로합니다. 노래 자체의 완성도만큼이나 가수의 목소리가 감상자의 마음을 편안하게 하는 음악이 좋아요. 치유의 메시지나 의식의 변화를 담은 노랫말도 좋겠죠. 저의 치유 음악은 스팅Sting의 노래들이에요.

마음의 지원군들을 많이 만드세요. 그들과 더 많은 시간을 보내도록 노력해보세요.

16 Journal

지치고 힘들 때마다 나를 치유하는 것들을 알아두면 좋아요. 내가 즐겨 찾는 치유 목록을 정리해보세요.

나만의 Healing List

영 화

여 행

도 서

그림

음악

사람

장소

17

나는 긍정적일까? 부정적일까?

어떤 일이든 결과에 집착하게 될 때
안 좋은 소식이나 뉴스에 민감해질 때
불길한 느낌이 들면 시도조차 안 할 때

고마워, 사랑해, 수고했어… 오늘 긍정적인 표현을 얼마나 했나요? 짜증나, 귀찮아, 싫어… 부정적인 표현은 얼마나 자주 했나요? 아마도 후자 쪽이 더 많을 거예요. 뉴스에서는 사건사고가 넘쳐나고, 내 일상도 불안하고 한숨 쉴 일이 더 많죠. 하지만 곰곰 짚어보면 전적으로 부정적인 생각만 한 것은 아닐 거예요. 부정적인 생각들 사이로 가끔은 긍정적인 생각들도 들었을 것입니다. 두 감정은 늘 함께할 수밖에 없어요.

과연 긍정과 부정의 비율이 어느 정도일 때 마음이 안정적이고 평온할까요? 많은 학자들이 오랫동안 관심을 갖고 연구해온 주제이기도 합니다. 그리고 내놓은 결론은, 긍정이 부정보다 3배 이상을 차지할 때가 가장 평온하고 쾌적한 기분을 경험한다고 해요. 하지만 마음이라는 게 기계의 수치를 맞추듯 작동시킬 수 있는 게 아니죠. 금세 부정이 긍정을, 불안이나 우울이 기쁨을 덮어버리기 쉬운 게 사실이에요.

이럴 때는 빨간머리 앤에게 도움을 받아보면 어떨까요. 농장일을 도와줄 남자 아이를 입양하려던 커스버트 남매의 집으로 앤이 잘못 도착하죠. 마릴라가 앤을 고아원으로 돌려보내기 위해 앤을 마차에 태우고 역으로 향합니다. 그때 시무룩해 있던 앤이 표정을 밝게 고치며 말하죠. "전 지금 이 순간을 즐기기로 했어요. 책에선 이럴 때일수록 긍정적인 마음을 가지라고 했거든요."

17 Journal

다음은 내 안의 긍정감을 깨우는 방법들입니다. 천천히 따라하면서 긍정 근육을 단련해보세요. 긍정감과 부정감 계산표는 아래와 같이 작성하면 됩니다.

1. 부정감 계산표 작성하기

   ① 나를 슬프게 하는 일, 화나게 하는 일, 걱정거리 등을 적어보세요.

   ② 그 강도를 10점 기준으로 점수를 매겨보세요.

   ③ 이제 부정적인 일의 점수를 각각 곱합니다. 이 점수가 부정감의 총점이에요.

   ④ 부정감의 총점을 3으로 곱한 수가 당신에게 필요한 긍정감의 양입니다.

부정감 계산표

나를 힘들게 하는 것들	점수
부정감 총점 (각 점수 곱하기)	

2. 긍정감 계산표 작성하기

   ① 이제 나를 기쁘게 하는 일, 행복한 일, 의미와 가치를 느낄 수 있는 일 등을 적어보세요.

   ② 부정감 총점을 낼 때와 같은 방법으로 긍정감의 총점을 냅니다.

긍정감 계산표

나를 즐겁게 하는 것들	점수
긍정감 총점 (각 점수 곱하기)	

3. 당신에게 필요한 긍정의 양은 얼마인가요? (부정감의 총점 × 3 = 필요한 긍정감의 양)

4. 당신에게 필요한 긍정의 양과 실제의 긍정의 양을 비교해 보세요. 만약 긍정감이 모자라다면 긍정감을 더 늘릴 방법을 고민해야겠죠. 어떻게 긍정감을 늘릴 수 있을까요? 나만의 긍정적 마인드 향상법을 적어보세요. (5가지 이상)

나만의 긍정마인드 향상법

①

②

③

④

⑤

18

나는 이성적일까? 감성적일까?

나의 의지만으로는 변화가 힘들 때

보다 균형적인 생각을 하고 싶을 때

내가 이성적인지 감성적인지 궁금할 때

두 손의 깍지를 껴보세요. 이번에는 팔짱을 껴보세요. 이때 오른손과 오른팔이 올라오면 좌뇌형, 왼손과 왼팔이 올라오면 우뇌형이라고 하네요. 재미로 해보는 간단한 좌·우뇌형 구별법입니다.

노벨 생리학상을 수상한 로제 스페리가 인간의 뇌를 좌우 두 영역으로 나뉜다고 밝힌 이후, 논란이 많아요. 이후 학자마다 자기만의 방식으로 뇌를 이해하는 다양한 접근법을 내놓았어요. 영국의 뇌과학자 사이먼 배런코언은 체계화 지수가 높은 사람(남성이 더 높은 편)과 공감 능력이 뛰어난 사람(여성이 더 높은 편)이 따로 존재한다고 주장했죠. 수학 계산도 잘하면서 타인의 마음까지 잘 이해하는 사람은 드물다면서요. 심리학자 하워드 가드너는 뇌를 음악지능, 신체운동지능, 공간지능, 논리수학지능, 언어지능, 자연친화지능, 대인관계지능, 자기성찰지능 여덟 영역으로 나눴습니다. 각 지능의 수준과 정도는 사람마다 차이가 존재한다면서요. 다중지능 측정은 우리의 개성을 표현하는 데 가장 믿을 만한 기준이 될 것입니다. 하지만 상당히 전문적인 분야이기 때문에 전문가의 도움을 받아야 알 수 있어요.

미래학자 다니엘 핑크는 앞으로는 좌·우뇌의 능력을 골고루 갖춘 통합형 인재가 각광 받을 것이라고 전망합니다. 실제로 살다 보면 두 능력이 골고루 필요할 때가 많아요. 때로는 체계적이고 분석적이어야 하지만, 또 어떤 경우에는 따뜻하고 감성적이어야 하죠.

18 Journal

1. 이제부터 좌뇌형과 우뇌형의 프로파일에 대해 알아봅니다. 아래의 항목들에 10점 기준으로 점수를 매긴 후에 각 항목의 점수를 더하세요.

좌뇌 프로파일

이름을 잘 기억한다.	
논리적이다.	
전후 사실 관계를 자주 따진다.	
목차를 살피며 꼼꼼하게 책을 읽는다.	
말하고 글 쓰는 것을 좋아한다.	
객관식 질문을 좋아한다.	
정리정돈을 잘한다.	
감정을 자제하는 편이다.	
직설적인 표현을 좋아한다.	
수학이나 과학을 좋아한다.	
좌뇌 총점	

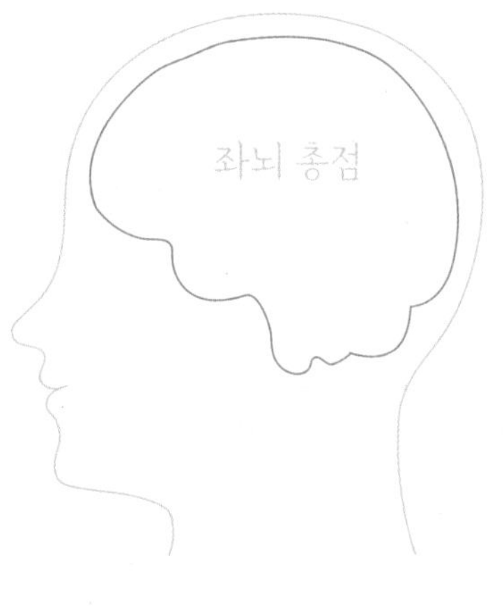

우뇌 프로파일

직관이 뛰어나다.	
얼굴을 잘 기억한다.	
시각적인 자극을 즐긴다.	
그때그때 기분에 따라 움직이는 편이다.	
세세한 것보다는 전체적인 맥락을 살핀다.	
내 나름대로 생각하고 움직이는 편이다.	
그림 그리기나 만들기를 좋아한다.	
감정을 자유롭게 표현한다.	
개방적이고 다양한 각도로 사고한다.	
비유적인 표현을 잘 쓴다.	
우뇌 총점	

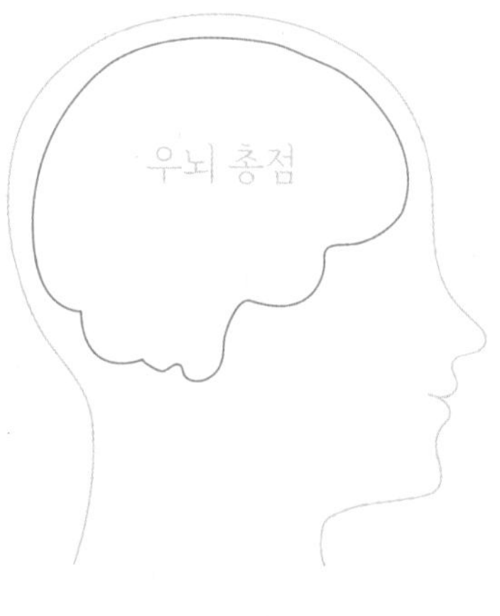

2. 좌뇌와 우뇌의 총점을 비교해보세요. 나의 두뇌 유형은 무엇인가요?

☐ 좌뇌 ☐ 우뇌

3. 이제 나의 두뇌를 통합적으로 가꾸어가기 위해 필요한 점들을 알아보겠습니다.

① 만약 자신이 좌뇌형이라면 우뇌형 프로파일에서 좀 더 보완하고 싶은 사항을 적어보세요.

② 만약 자신이 우뇌형이라면 좌뇌형 프로파일에서 좀 더 보완하고 싶은 사항을 적어보세요.

19

과거의 상처가 자주 생각날 때는?

지난 일을 자꾸 곱씹게 될 때
잊으려 해도 잘 잊히지 않을 때
과거의 상처가 반복해서 생각날 때

상처 없는 삶은 없습니다. 누구나 응어리로 남은 기억 하나쯤 갖고 있어요. 풀리지 않는 아픈 일은 감정의 뿌리를 만들고 현재 삶까지 스며들어 마음을 어지럽힙니다. 우리는 그것을 '상처'라고 부르죠. 빈번한 상처는 마음을 어지럽히고 자아를 위축시킵니다. 낮은 자존감이나 비관성은 상처의 부산물이죠. 상처 속에 파묻혀 살아서는 안 됩니다. 상처는 부정적인 생각의 먹이가 될 때가 많아요. 우울이나 불안, 비관성에 상처라는 생각의 먹이를 던져서는 안 됩니다. 나쁜 일을 계속 떠올려 또 다시 나쁘게 생각하는 일은 가장 나쁩니다. 심리학에서는 이를 '반추'라고 해요. 특히 생각이 많은 여성 심리의 특성상 여성이 반추를 더 자주 하는 경향이 있어요. 그래서 여성이 우울증에 많이 취약하죠. 그렇다고 지난 일을 떠올리는 것이 무조건 나쁜 게 아닙니다. 물론 의미 있고 도움이 될 때도 있어요. 그것은 상처를 긍정적으로 이해하고 다시 정의할 때입니다.

슬픔이나 아픔 자체를 부인할 수는 없는 노릇이지만, 그 속에서 희망적인 메시지를 발견한다면 서서히 상처가 아물고 머잖아 더 강인하고 성숙해진 나를 만날 수 있을 거예요. 병든 조개만이 진주를 만든다는 말도 있잖아요.

19 Journal

나쁜 생각이나 불편한 기억을 자주 곱씹고 생각하는 편인가요? 과거를 떠올리는 습관에서 벗어나기 힘들다면 다음과 같이 반추일기를 써보세요.

① 하루 동안 지난 일을 생각 없이 떠올리고 있는 나를 관찰하세요.
② 반추 시간과 반추의 내용을 간단히 적으세요.
③ 이제 반추시간을 10퍼센트 줄이기 위해 어떤 노력이 필요한지를 생각해보세요.

반추일기장 (예)

반추 시간	반추 내용	나의 다짐
8월 2일 오후, 15분간	3개월 전 헤어진 남친과의 언쟁을 떠올렸다.	이별의 이유가 나에게도 있을 것 같다는 생각도 든다. 어차피 이미 지난 일이다. 생각날 때마다 몸을 움직여야겠다.

반추일기장

반추 시간	반추 내용	나의 다짐
8월 2일 오후, 15분간	3개월 전 헤어진 남친과의 언쟁을 떠올렸다.	이별의 이유가 나에게도 있을 것 같다는 생각도 든다. 어차피 이미 지난 일이다. 생각날 때마다 몸을 움직여야겠다.
10월 4일 오전, 20분간	1주일 전, 말조심하라는 직장선배의 한마디가 자꾸 떠오른다.	되도록 선배의 좋은 점을 생각하면서 화난 감정을 다스려야겠다.
11월 8일 오후, 30분간	한 달 전, 절친이 나에게 거짓말을 했다.	친구에게도 말 못할 사정이 생겼으리라 이해해주기로 했다.

반추일기장

반추 시간	반추 내용	나의 다짐

20

나는 내 감정에 솔직할까?

내 감정을 나도 모를 때

감정을 억제하거나 표현하지 못할 때

감정을 과잉 표출할 때

기쁨, 슬픔, 까칠, 소심, 버럭. 애니메이션 <인사이드 아웃>에 나온, 감정 컨트롤 본부를 지키는 캐릭터들입니다. 각각 노랑, 파랑, 보라, 초록, 빨강으로 색깔이 정해져 있었죠. 라일리를 행복하게 만들기 위해 바쁘게 일하는 그들을 통해 감정의 비밀을 엿볼 수 있었습니다.

감정은 결코 한결같지 않습니다. 시시각각 변하죠. 사소한 사건 하나가 감정에 풍랑을 일으키기도 하고요. 편안한 감정 상태를 한결같이 유지하기란 세계 평화를 지키는 일만큼이나 어려워 보이죠. 과연 감정을 통제하는 게 가능할까 싶기도 하고요.

요즘은 지능이나 능력보다 감정통제력, 즉 EQ(감성지능)의 중요성을 더 강조하는 것 같아요. 재능이 뛰어나더라도 충동적이거나 감정을 다스리지 못하면 많은 한계에 부딪칠 수밖에 없습니다.

감정통제력을 계발하기 위해서는 먼저 감정의 흐름을 잘 파악할 줄 알아야 합니다. 감정이 어떻게 일어나서 어떻게 변하는지, 어떤 일을 했을 때 변할 수 있는지를 알아야 감정통제력을 높일 수 있어요. 많은 사람들이 자신의 감정이 어떻게 변하는지 온전히 자각하지 못한 채 살아갑니다. 자기감정의 흐름을 제대로 파악하는 것만으로도 얼마든지 감정통제력을 높일 수 있어요.

20 Journal

아래와 같이 감정팔레트를 활용하여 나의 감정을 관찰해봅시다. 한주간의 나의 감정을 보면서 어떤 점을 느꼈는지도 써보세요.

감정일기 작성법

① 감정 팔레트의 감정별로 서로 다른 색이나 패턴을 정합니다.
(패턴이나 색은 자유롭게 정하세요.)

㉮예

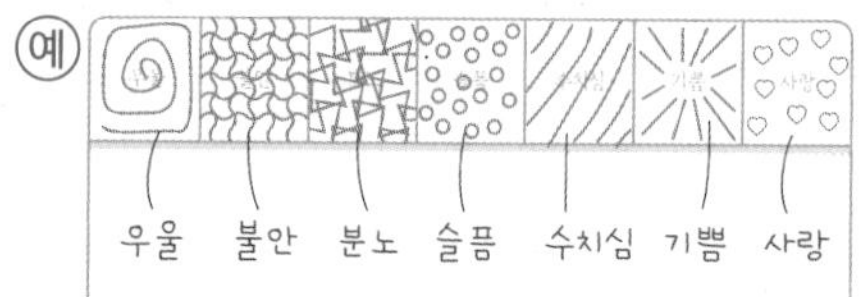

② 각 요일에 내 감정의 색을 칠하거나 패턴을 채워보세요.
③ 어떤 이유로 그 감정이 생겼는지도 적어봅니다.
④ 일주일 간의 감정의 변화를 관찰하고 느낌 점을 적어봅시다.

감정 팔레트

우울	불안	분노	슬픔	수치심	기쁨	사랑

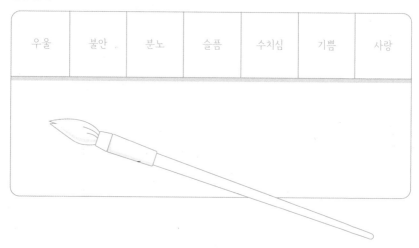

년 월 일

감정일기장

감정컬러 혹은 감정패턴	감정일기
일	
월	
화	
수	
목	
금	
토	

일주일의 감정 총평

21

요즘 내가 중독되어 있는 것은?

그것 없으면 견디기 힘들 때
나쁜 줄 알면서도 끊기 어려울 때
스트레스를 풀려고 자꾸 의존하게 될 때

기분 전환이 필요한가요? 책임과 의무들로 채워진 하루를 보내느라 힘들었을 거예요. 이제 재충전이 필요하겠죠. 당장 생각해보면 맛있는 식사, 단순한 게임, 인터넷 쇼핑, 운동 등 피로해진 심신을 달랠 방법들이 몇 가지 떠오릅니다. 그런데 이것들은 순간적인 기분 전환에는 도움이 되겠지만 자칫 중독으로 빠질 위험성도 갖고 있어요. 인생을 낭비하게 하는 소모적인 일들은 항상 유혹적입니다. 사실 딱 한 번이라도 위험할 수 있어요. 중독은 한 번의 강력한 경험과 일탈에서 비롯하는 법이니까요. 현대를 중독의 세계라고 하죠. 중독이나 의존 행위는 삶을 빈곤하게 합니다. 나아가 파괴합니다.

의존이나 중독 대상이 스트레스를 해소한다고 말하는 사람들이 있어요. 하지만 틀린 생각입니다. 술을 마시거나 인터넷게임에 몰두하거나 담배를 피우는 것으로 스트레스를 푸는 것은 의학적으로 우리의 몸과 마음을 더 피로하고 스트레스가 쌓이게 만드는 행위예요. 의존 대상이나 중독 대상에서 벗어날 수 없다면 당신의 삶은 어쩌면 더 앞으로 나아가기 힘들지 모릅니다. 명심하세요. 의존과 중독은 퇴행의 고속도로입니다.

21 Journal

스트레스를 잊기 위해 무심코 자주 하는 행동이 있나요? 혹은 끊고 싶은데도 잘 끊지 못하는 것이 있나요? 그렇다면 그 행동을 중지하기 위해 의존 탈출일기를 써보세요.

'알콜'의존 탈출일기 예

유혹의 순간	나의 선택(긍정/부정 활동)	기분의 변화
어제 퇴근 후 회식에서 동료들이 맥주를 여러 차례 권했다.	맥주 대신 물을 마셨다. 평소보다 절반가량 적게 마셨다.	다음날 얼굴이 붓지도 않고 몸도 무겁지 않았다. 그래도 기분은 평소보다 가볍진 않았다. 더 조심해야겠다.

알콜 의존 탈출일기

유혹의 순간	나의 선택(긍정/부정 활동)	기분의 변화
어제 퇴근 후 회식에서 동료들이 맥주를 여러 차례 권했다.	맥주 대신 물을 마셨다. 평소보다 절반가량 적게 마셨다.	다음날 얼굴이 붓지도 않고 몸도 무겁지 않았다. 그래도 기분은 평소보다 가볍진 않았다. 더 조심해야겠다.
연휴 날 지인들과 저녁 식사로 와인이 나왔다.	샐러드를 많이 먹으면서 와인을 한 잔에 그쳤다.	사람들과 기분 좋게 어울렸고 몸도 덜 지쳤다.
동네 친구들이 치킨과 맥주를 사들고 집으로 찾아왔다.	솔직하게 말하고 집에 있는 사이다를 마셨다.	술을 마시지 않고도 잘 어울려서 좋았다. 가까운 사람들에게는 미리미리 솔직하게 얘기해 두는 것이 좋겠다.
회사 창립기념일 경품 행사에서 양주 한 병을 받았다.	퇴근 후 회식자리에서 동료들과 한잔씩 나누어 마셨다.	좋은 술에 욕심내지 않고 집에 가져오지 않았다.
어제 퇴근 후 회식에서	맥주 대신 물을 마셨다.	다음날 얼굴이 붓지도 않고 몸도 무겁지

년 월 일

______의존 탈출일기

유혹의 순간	나의 선택(긍정/부정 활동)	기분의 변화

22

최근 나를 통제하지 못했던 순간은?

내 감정을 주체하기 힘들 때
인내심이 부족하다고 느낄 때
원하는 것은 꼭 해야 직성이 풀릴 때

우리는 스스로를 다스리지 못하는 자신과 종종 마주하게 됩니다. 복잡한 수학 문제를 풀고, 기계도 정확하게 다루며, 때로는 어려운 법조문을 줄줄 외기도 하는 우리가 자기 자신을 통제하는 일에는 어째서 이토록 서툴까요?
심리학자들은 오래전부터 인간이 스스로 통제할 수 있는 의식의 영역과 그럴 수 없는 비의식의 영역을 나누어왔습니다. 의식이 관장하는 부분은 작고 미미한 반면, 비의식의 영역은 크고 막대하다는 사실 역시 잘 알았어요. 그래서 마치 연결되지 않은 두 기계가 따로 노는 듯한 나 자신을 발견하곤 하는 것이죠.
심리학자 조너선 하이트는 인간을 코끼리에 탄 기수에 빗댔어요. 욕망대로 움직이고 싶어 하는 코끼리와 그런 코끼리를 통제하는 기수. 그런데 이때 인간은 기수만이 아니에요. 제멋대로 움직이려 하는 코끼리까지 합쳐서 한 사람의 인간이 되는 것이죠. 실제로 기수가 마음속 코끼리를 통제할 능력과 기술이 부족하면 우리는 난동을 부리는 코끼리에게서 헤어나기 어렵겠죠. 마음속의 고집 센 코끼리 탓에 일을 망치거나 계획했던 일을 그르치는 일도 종종 있어요. 기수의 말을 들으려 하지 않고 제멋대로인 코끼리의 마음을 움직일 방법이 없을까요?

22 Journal

1. 혹시 참아야 하는데도 참기 힘든 것이 있나요? 내 안의 코끼리 같은 본능 말입니다. 만약 그런 제어하기 힘든 대상이 있다면 아래 코끼리 실루엣 안에 모두 적어보세요.

2. 위의 항목 중에서 가장 통제하기 힘든 것을 골라 각각의 코끼리에 넣어보세요. 그리고 그 코끼리를 제어하기 위한 나만의 방법을 깃발 안에 적어보세요.

㉮

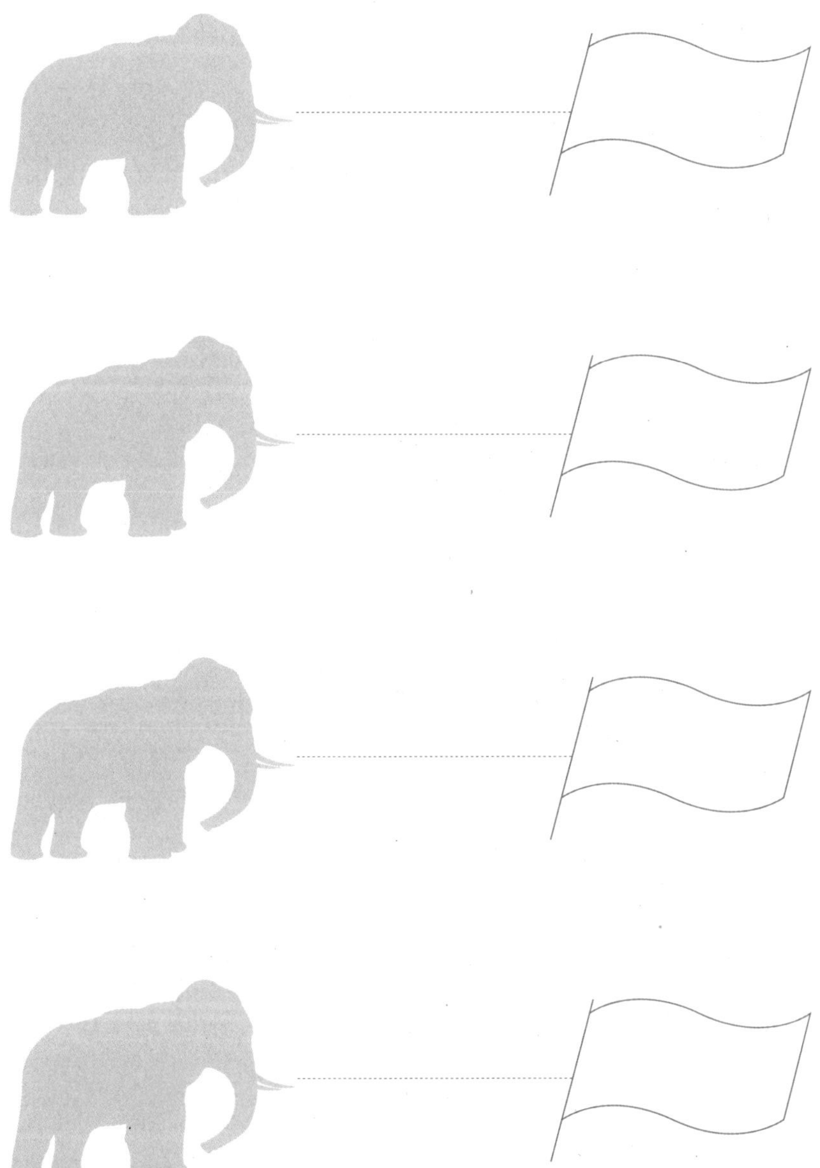

23

최근 화가 치밀어 올랐던 때는?

툭하면 화가 날 때

화가 나면 조절하기 힘들 때

자주 화를 내서 다툼이 잦을 때

"이유도 없이 화가 치민다"고 말하는 사람들이 있습니다. 하지만 이유 없는 분노는 없습니다. 분노는 원하는 것이 충족되지 않을 때 일어나는 감정이에요. 거절당하거나 거부당한 마음들이 차곡차곡 쌓이다가 어느 순간 '폭발'하는 거죠. 사실 분노는 자연스러운 감정이에요. 분노는 살아 있음의 증거이기도 하죠. 분노는 인과적으로 촉발되는 감정입니다. 분노해야 할 상황에서 분노하지 않거나 분노하지 못하면 깊은 상처를 입을 수도 있어요. 그렇다고 무분별하게 화를 낼 수는 없죠. 화를 화로 갚는 것은 아주 위험한 대처입니다. 분노가 분노를 몰고 오기 때문이에요. 부정적인 감정은 전염성이 강하고 잔상도 오래 남습니다. 또한 화를 자주 내는 사람의 뇌는 화와 같은 부정적 감정을 담당하는 뇌의 영역이 활성화되어 있어 쉽게 화가 불붙을 수 있어요. 즉, 분노도 습관인 거죠.

분노를 잘 다스릴 방법을 찾아야 합니다. 참기보다는 건강한 방법으로 분노의 감정을 배출할 출구를 찾아야 해요.

23 Journal

1. 최근에 화가 났던 일을 생각해보세요. 누구 때문에, 무엇 때문에 화가 났었나요? 화가 많이 난 순서대로 아래 삼각형 안에 적어보세요.

2. 자, 이제는 당신의 분노를 물결로 표시해주세요. 물결 위는 당신이 표현한 분노이고 물결 아래는 억제한 분노입니다.

㉨

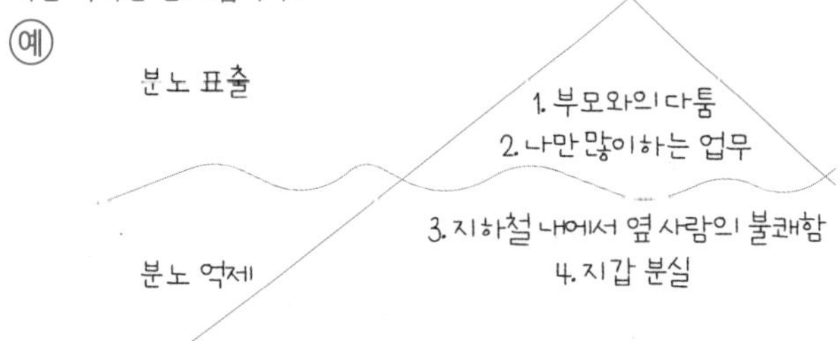

3. 당신의 분노 수위를 내릴 수 있는 방법은 무엇일까요? 그 방법을 3가지 정도 적어보세요.

하나,

둘,

셋,

24

지금껏 가장 슬펐던 순간은?

작은 일에도 눈물을 글썽일 때
과거의 슬펐던 일을 자주 떠올릴 때
사는 것 자체가 슬픔이라고 느껴질 때

슬픔은 부정적인 감정일까요? 반드시 그렇게 볼 필요는 없어요. 우리는 사는 동안 다양한 감정들을 겪습니다. 적게는 희로애락을 꼽을 수 있겠죠. 건강한 감정 상태는 자연스럽게 일어나는 감정을 있는 그대로 이해하고 균형을 잡는 것이에요. 감정에 휘둘려 일상생활이 불가능하다면 문제가 되겠지만 슬플 때 슬퍼하고, 기쁠 때 기뻐하는 것은 지극히 건강한 감정 상태입니다. 슬픈 감정이 느껴진다고 해서 미리 차단할 필요는 없습니다. 슬픔을 자연스럽게 느끼세요. 어느 날 갑자기 라디오에서 흘러나오는 노래에 울컥하기도 하고, 낯익은 찻집을 지나치다가 멍 하니 정신을 놓을 수도 있어요. 때로는 슬픔이 갑자기 밀려들어 주체하기 힘들었던 적도 있을 거예요. 하지만 두려워할 필요는 없습니다. 아는 것이 힘이라고 내가 느끼는 마음의 슬픔이 어떤 것인지를 알아야 치유도 빠릅니다. 그런데 그 슬픔은 눈으로 들여다볼 수 있는 것이 아니어서 세심하게 마음에 귀 기울이지 않으면 알 수가 없습니다. 슬픔의 이유를 들여다보고 받아들이세요. 그리고 자연스럽게 슬픔의 감정이 흘러가도록 기다려주세요.

24 Journal

1. 최근에 눈물을 흘렸거나 슬픈 감정을 느꼈던 상황이나 사람에 대해 생각해보세요. 그리고 그 상황과 사람에 대해 모두 써보세요.

2. 그때의 내 감정은 어떠했는지를 솔직하게 써보세요. 무엇이 나를 슬프게 하는지, 나는 왜 눈물을 흘리는지, 슬픈 문제를 그림이나 글로 그려보세요. 추상적인 그림도 괜찮아요.

3. 이제 내 슬픔에게 말을 걸어보세요. 내가 왜 슬픔을 느끼는지, 그리고 무엇을 원하는지를 편하게 적어보세요. 짧은 글이나 시처럼 써도 괜찮아요.

나의 슬픔에게

25

최근 수치심을 느꼈던 순간은?

지나치게 남의 말에 휘둘릴 때
누군가의 말에 크게 상처를 받았을 때
수치스런 기억 때문에 고통스러울 때

부끄러움은 매우 인간적인 감정입니다. 우리는 불완전한 존재이기 때문에 부끄러움을 느낄 수 있어요. 부끄러움을 부끄러워하지 마세요. 부끄러움에는 여러 종류가 있어요. 수줍음처럼 기질적인 문제부터 부끄러움, 자괴감, 열등감, 수치심, 치욕스러움 같은 다양한 부끄러움들이 존재하지요. 부끄러움이나 수치심은 당혹스러움으로 변하기도 합니다. 당혹스러움은 수치심이 변한 감정일 수 있다는 뜻이죠. 수치심은 자신의 과오나 모자람의 인지, 열등의식이 감정적으로 드러난 결과일 수 있습니다. 그래서 수치심의 이면에는 자신에 대한 책망이나 열등감, 패배의식 같은 부정적인 자아의 여러 이미지가 드리우고 있을 때가 많아요. 때로 부끄러움이 더 나은 자신을 만들기 위한 에너지가 되기도 하지만 자아를 손상시키고 자기를 훼손하는 내적 상처로 자리 잡을 수도 있습니다. 즉, 적절한 부끄러움은 자신을 재무장하고 계발하는 자극이 되지만, 지나친 부끄러움은 자아를 위축시키는 뇌관이 될 수 있어요. 살다 보면 무시당한다거나 욕보이게 되는 상황은 수도 없이 생깁니다. 그럴 때 무시당해도, 심지어 모욕을 당해도, 나는 그런 사람이 아니라고 스스로를 믿으세요. 다른 사람에게 위로를 바라지 말고 스스로 자기 자신을 위로하는 것도 매우 효과적이에요. 자기 위로 능력을 잘 활용하는 사람이 건강합니다.

25 Journal

최근에 자신이 잘못했거나 남이 나를 비난했던 적이 있나요? 수치심을 느낄 때 혹 '저 사람이 내게 저러는 것은 다 내가 못났기 때문이야.' 이런 생각은 근본적으로 부당한 생각들입니다. 이런 생각이 깊어지면 나를 상처 입히는 마음은 더 커질 것입니다. 그러니 이런 생각들을 멈추어야 합니다.

남의 평가나 비난에 쉽게 휘둘리지 않도록 나와의 약속이 필요합니다. 자, 마음계약서를 써보세요.

마음계약서

나는 충분히 가치 있는 존재다.

나는 타인의 근거 없는 평가나 비판에 쉽게 동요하거나 상처 받지 않는다.

나는 항상 나의 중심을 지키며 나 자신에게 솔직하고 떳떳하다.

나는 나를 사랑한다.

나는 진심을 다해 위 사항을 다짐한다.

2017 년 5 월 5 일

홍길동

마음계약자

년 월 일

마음계약서

년 월 일

마음계약자 서명

26

이유 없이 불안할 때는?

매사에 걱정이 많을 때
불안감 때문에 일을 망쳤을 때
초조와 불안 때문에 잠을 설칠 때

불안과 공포를 자극해 마케팅을 하는 상품이 많습니다. 보험도 그중 하나예요. 당신은 몇 개의 보험 상품에 가입해 있나요? 만약의 경우를 대비해 미래에 일어날까 말까 한 사건사고를 미리 걱정해 돈을 투자합니다. 죽는 순간까지 아프지 않고 사고 없이 사는 것은 다행한 일이에요. 하지만 당신이 보험에 부은 돈은 그대로 사라지겠죠. 걱정을 가불하는 것만큼 손해 보는 일도 없습니다.

과도한 불안은 착각입니다. 가짜 불안인 거죠. 또한 닥치지도 않은 사건사고 때문에 불안해해요. 우울한 사람일수록 과거를 반추하고 불안한 사람일수록 미래를 부정적으로 상상할 가능성이 높습니다. 불안에 휘둘려 냉정을 잃는 잘못을 범하지 않도록 주의를 기울일 필요가 있어요.

물론 유한한 생명을 가졌기 때문에 우리는 불안할 수밖에 없어요. 인간은 의식적·무의식적으로 위험을 감지하게 되면 자신을 보호하기 위해 불안 체계를 작동시키죠. 다시 말해 불안을 느끼지 못하면 건강하고 안정된 삶이 불가능할 수 있다는 뜻이에요. 그럼에도 불구하고 가짜 불안에 시달리느라 불안에 지나치게 예민한 것이 사실입니다. 우리는 일정한 불안의 총량을 갖고 태어납니다. 건강한 내일을 설계하고 주어진 일을 제대로 실천하기 위해 적당한 긴장과 불안은 꼭 필요할 수 있겠지만, 지나치면 안 됩니다. 당신 몫의 정당한 불안만큼만 불안해하세요.

26 Journal

1. 당신은 자주 걱정하는 편인가요? 주로 어떤 일들을 걱정하나요?
(혼자 집으로 걸어가는 일, 일의 성과가 안 좋을 때, 사람과의 관계가 틀어졌을 때 등)

2. 이런 걱정들이 근거가 있다고 생각하나요? 자신이 필요이상으로 걱정하고 불안해했다고 위로하고 다독거려주세요. 자, 9일간 불안 떠나보내기 연습을 해봅시다.

① 나의 불안 목록을 포스트잇에 검정색으로 적어보세요.
② 검정색 목록 아래에 나만의 처방목록을 파란색으로 써보세요.
③ 불안 목록 포스트잇을 책상에 두고 불안할 때마다 잘 떠나보내세요.

불안 목록 포스트잇 ㉯

회사에서 부장님과
다른 의견을 냈던 일

의견이 다르다고 해서
관계가 틀어지진 않는다.

나의 불안 목록

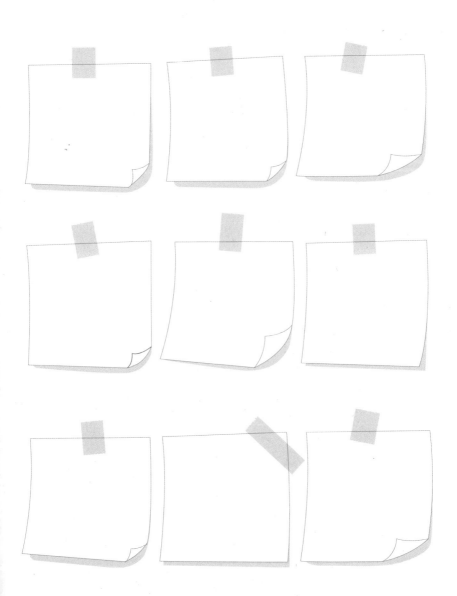

27

아직 해결하지 못한 마음의 상처는?

상처를 떠올리면 아직도 힘이 들 때
힘든 상황은 피하는 게 상책일 때
해결보다는 참는 게 낫다고 느낄 때

상처 없는 인생은 없어요. 쉽게 치유되는 상처 또한 없고요. 치유 방법을 몰라서, 때로는 상처가 깊어서일 것입니다. 고통 없이 성장할 수는 없어요. 상처는 고통을 만들고 고통은 인생이 힘든 가장 큰 이유겠지요. 게다가 상처가 깊을수록 남에게 알리기도 힘들죠. 혼자서 부여잡고 있는 상처는 마음 깊은 곳에서 끊임없이 고통을 만들어내고, 외로움과 고립은 고통을 키우죠. 상처는 기억에 새겨지고, 그 기억은 불현듯 떠올라 우리를 괴롭힙니다.

때로는 스스로 아픈 기억을 반복해서 새기면서 자신을 힘들게 할 때도 있어요. 상처는 되새김질할수록 부풀고 또렷해지는 특성을 가지고 있기 때문이에요. 반대로 상처를 외면하기도 하죠. 고통에서 도피하는 것입니다. 심리학에서 이를 '부정'이라고 해요. 하지만 합리적인 반박이 아니라 강요된 부정은 상처를 더 부풀릴 뿐이에요. 그 외에도 도피의 방식은 많습니다. 괴로운 일이 생기면 잠에 취하거나 부주의해지거나 집중력이 떨어지곤 하죠. 힘든 기억을 끊임없이 되새김질하는 것만큼이나 회피 심리도 위험합니다.

고통스러운 일이 생겼을 때 가장 온당한 대응은 그 상처에 직면해 그 이유와 과정을 잘 이해하고, 그 상황을 자신의 것으로 받아들이는 수용의 마음을 갖는 것이에요. 상처를 경험했을 때는 상황에의 직면, 받아들임, 내려놓음, 상황에 대한 온당한 이해와 통찰, 운명에 자신을 내맡기기와 같은 고통 대응 기술이 필요합니다.

이번 주는 상처와 직면하는 시간입니다. 앞서 말씀드린 대로 고통스러운 기억을 더 부정적으로 키우는 일은 바람직하지 않습니다. 반대로 아픈 기억을 무조건 피하거나 외면해서도 안 되고요. 먼저 아픈 기억을 아픈 그대로 떠올리십시오. 다만 그 기억을 떠올리는 일이 더 큰 고통을 느끼고, 자신을 더 질책하지 않도록 주의하세요.

당신은 이제 자신의 상처에게 어떤 일을 해줄 수 있을까요? 우선 사실 그대로를 기술해보세요. 더도 덜도 말고 있었던 일 그대로 그 상처의 기억을 복원하세요. 그리고 그 상처와 그로 인해 괴로워하는 나를 위로하고 공감하세요. 그 일이 생긴 전후 사정을, 인과관계도 탐색하세요. 왜 그런 일이 생겼는지 이유를 분명히 아는 것은 중요하면서도 꼭 필요한 일입니다.

1. 상처가 나에게, 내가 상처에게 솔직하고 따뜻하게 말을 건네도록 대화적 상상력을 발휘해보세요. 상처가 곧 나이니까요. 내가 곧 상처이니까요. 예시처럼 상처와 나의 대화를 작성해봅니다.

상처와 나의 대화 (예)

나 : 그때 미술을 할 수 없어서 넌 참 슬펐지?

상처 : 그래, 그땐 너무 어렸고, 미술을 할 수 없게 된 상황이 너무 가슴 아팠어.

나 : 하지만 하고 싶은 대로 모두 할 수 없는 게 인생이 아닐까?

상처 : 하지만 화가의 꿈을 포기하고, 어제까지 그리던 그림을 더 이상 그리지 않는 상황은 너무 아프고 고통스러웠단다.

나 : 하지만 넌 잘 이겨냈어. 그때 책도 읽고, 글도 쓰고, 철학적인 생각도 많이 하면서 넌 잘 이겨낼 수 있었잖아.

상처 : 쉽지는 않았지. 한 2년간은 몹시 힘들었어. 아마 지금 생각하면 우울증이 내게 찾아왔던 것 같아.

나 : 뻔한 위로지만, 아픈 만큼 성숙해지는 것이지. 아무튼 잘 이겨냈어. 장하다. 상처야.

상처 : 아직 이루지 못한 꿈에 대한 아쉬움은 있어. 아마도 평생 가지 않을까?

나 : 아냐, 언젠가는 그 아픔에서 온전히 벗어날 수 있을 거야.

상처와 나의 대화

2. 이미 생긴 상처는 돌이킬 수 없습니다. 운명은 언제나 운명이니까요. 만약 용기 내어 내 상처를 사랑할 수 있다면 기꺼이 사랑하세요. 이제 그날의 상처를 위로하기 위해 기도문을 작성해보세요.

28

고치고 싶은 나의 단점은?

자주 실수하는 부분을 고치고 싶을 때
부족한 부분을 보완하고 싶을 때
나쁜 습관을 바꾸고 싶을 때

결코 쉬운 일이 아니지만, 싫은 사람은 안 보면 되고 싫은 일은 안 하면 되고 싫은 장소는 안 가면 됩니다. 하지만 나의 부정적인 습관, 감정, 태도는 피하거나 버리기가 참 힘들어요. 외면하고 싶은 모습이 내 의식과 행동에 불쑥불쑥 나타나죠. 그러면 기분이 상하고 자괴감이 느껴져 괴롭습니다. 유일한 해결책은 싫은 모습들을 하나씩 고치는 것뿐이에요. 비록 느리지만 우리는 확실하게 자신을 변화시킵니다. 내 안의 부정적인 요소들을 하나씩 긍정적인 것으로 바꾸는 일은 평생에 걸쳐 해나가야 하는 과제예요. 사람마다 변화를 대하는 태도가 다르죠. 변화지향적인 사람이 있는 반면, 안정지향적인 사람도 있고, 사람은 쉽게 변하지 않는다는 고정형 사고를 하는 사람도 많아요. 많은 사람들이 고정형 사고를 할지 모르겠습니다. 그들은 변화가 오히려 손해와 불편을 초래할 수 있다고 믿을 때가 많아요. 하지만 우리는 변화하기에 더 나아질 수 있어요. 조금 흔들리거나 실수하더라도 괜찮습니다.
"한 번도 실수한 적 없는 사람은 한 번도 새로운 것을 시도한 적 없는 사람이다." 아인슈타인의 말이에요. 우리는 언제나 조금 부족하고 서툴러요. 하지만 그 빈 공간이 있기에 조금씩 채워나갈 수 있는 것입니다. 성장하는 것이죠. 이런 변화는 다른 누구를 위한 일이 아니라 나 자신을 위한 일이어야 합니다. 변화는 유익하고 즐거운 과정이며, 기쁨을 창조하는 일이니까요. 조금씩 새로워지는 나와 만나시길 바랍니다.

28 Journal

1. 우선 자신의 단점을 알아차려야 합니다. 부당한 자기합리화의 가면을 벗겨내고 자신이 가진 단점의 실체를 직면해보세요. 다음의 문장의 빈칸을 채우면서 내 성장과 변화를 가로막고 있는 장애물들을 찾아보세요.

① 나는 내 몸의 (　　　　　　　　　　)(이)가 마음에 안 듭니다.

② 나는 내 성격의 (　　　　　　　　　　)(이)가 마음에 안 듭니다.

③ 나는 내 습관의 (　　　　　　　　　　)(이)가 마음에 안 듭니다.

④ 나의 (　　　　　　　　　　) (이)가 마음에 안 듭니다.

2. 자신의 단점이나 성장의 장애물이 계속 유지되는 이유를 설명해보세요. "가령 사람들과 대화할 때마다 쓸데없이 눈치를 본다"의 이유가 "혹 그 사람이 나를 나쁘게 볼까봐 그렇다" 같은 타당하지 않은 것일 때가 많지요. 내가 가진 부정적 신념을 반박해보세요.

① 내가 (　　　　)라고 변명하며 (　　　　)(을)를 계속하는 것은 어리석은 일이야.

② 내가 (　　　　)라고 변명하며 (　　　　)(을)를 계속하는 것은 어리석은 일이야.

③ 내가 (　　　　)라고 변명하며 (　　　　)(을)를 계속하는 것은 어리석은 일이야.

④ 내가 (　　　　)라고 변명하며 (　　　　)(을)를 계속하는 것은 어리석은 일이야.

3. 위 문장들을 보면서 무엇이 문제라고 생각이 드나요? 어떻게 하면 그것으로부터 벗어날 수 있을까요? 역시 다음 문장을 채워 넣으며 변화의지를 북돋아보세요.

① ( )(을)를 통해 나는 ( )로 변할 수 있습니다.

② ( )(을)를 통해 나는 ( )로 변할 수 있습니다.

③ ( )(을)를 통해 나는 ( )로 변할 수 있습니다.

④ ( )(을)를 통해 나는 ( )로 변할 수 있습니다.

29

지금 내가 듣고 싶은 한마디는?

용기를 내야 할 일이 있을 때
내 모습이 맘에 들지 않을 때
나만을 위한 시간이 필요할 때

이제는 고인이 된, 신해철 씨의 노래를 좋아합니다. <나에게 쓰는 편지>는 제 마음의 지원군이기도 해요. "난 잃어버린 나를 만나고 싶어. 모두 잠든 후에 나에게 편지를 쓰네. 내 마음 깊이 초라한 모습으로 힘없이 서 있는 나를 안아주고 싶어……." 나에게 쓰는 편지의 필요성과 효과를 이보다 더 잘 설명할 방법이 있을까요.
저는 서른 살 무렵 심한 우울증을 앓았습니다. 아주 극심했어요. 당시는 죽음 말고는 다른 대안이 없어 보였죠. 그 시절 제가 온힘을 다해, 정말 죽을힘을 다해 했던 일이 바로 나에게 편지 쓰기였습니다. 제게는 치유의 과정이었고 회복을 위한 실천이었어요. 나에게 쓴 편지가 쌓인 만큼 우울증에서 빠져나올 수 있었어요. 이처럼 편지 쓰기에는 자기위로의 능력이 있습니다. 한 번쯤 해보면 스스로 그 효과를 깨닫게 될 거예요.

요즘은 편지보다는 문자 메시지로, SNS로, 전화통화로 직접 할 말을 전달하죠. 가끔은 편지를 써보면 어떨까요? 글로 정리하다 보면 정서적 거리가 더 가까워지고 내 마음도 더 잘 표현할 수 있어요. 수신인을 나로 해서 편지를 써보는 것도 좋겠죠. 신해철 씨의 노랫말처럼 '내 마음 깊이 초라한 모습으로 힘없이 서 있는 나를 안아주고 싶'다면 '모두 잠든 후에 나에게 편지를' 써보세요. 혹시 잃어버린 나를 만날 수 있을지도 모를 거예요.

나에게 쓰는 편지는 내가 나에게 보내는 응원의 메시지입니다. 칭찬 격려, 위로의 말들을 하나씩 적어보세요.

년　　월　　일

현재의 나에게

STAMP

미래의 나에게

STAMP

30

내 인생에서 가장 행복했던 기억은?

좋은 에너지를 충전하고 싶을 때
긍정적인 생각으로 살고 싶을 때
나를 새롭게 리셋하고 싶을 때

기억의 빛깔은 다채롭죠. 각각 기억의 색은 여간해서는 변하기 어려워요. 어릴 적 시험에서 낭패를 본 경험은 아무리 애쓴들 즐겁거나 편안하게 떠올리기 힘들 듯이요. 우리는 한 번 기억한 일은 언제까지고 그대로일 거라 생각합니다. 하지만 기억은 다시 덧칠할 수 있어요.

시간이 약이다. 당시는 무척 힘들고 고통스러웠던 일이나 기억도 시간이 지나면 그 고통의 무게가 덜어져 있던 경험을 한 번쯤 해봤을 텐데요. 사람은 누구나 변하기 때문입니다. 불과 석 달 만에 우리 몸의 세포는 전부 새롭게 채워져요. 내 마음 역시 어제와 한 달 전과 1년 전과 같지 않아요. 단지 변하는 것이 아니라 의식의 성장을 경험하죠. 생각과 이해능력이 변하기 때문에 기억도 그대로일 수 없어요. 내가 변하는 만큼 나의 기억도 새롭게 변하게 마련이죠.

살면서 많은 것을 놓치듯 우리는 기억 역시 놓치거나 아쉽게 흘려보낼 때가 많아요. 과거 당신은 어리거나 미숙해 충분히 기뻐해야 할 일을 기뻐하지 못했을는지 모릅니다. 다른 일에 정신이 팔려 음미하고 되새겨야 할 값진 경험을 무심히 지나쳐버린 적도 많을 테고요. 기억의 창고에서 제대로 음미하지 못했던 기억을 끄집어내어 그 소중한 기억들을 아름답게 채색해보세요. 그 기억을 좀 더 원숙하고 온전한 기억으로 완성해보세요.

30 Journal

1. 다음 설명대로 차근차근 따라해 보세요. 우선 아래의 단어들과 관련된 기억을 떠올려보세요. 오래된 기억도 좋고, 최근 일이라도 상관은 없습니다. 조금 더 구체적으로 적는 것이 바람직합니다. 예를 들면 '영희가 생일파티에 초대해 주어서 재미있게 놀았다.'는 좋지만, '나는 친구집에 가면 재미있다.' 같은 표현은 긍정 정서를 강화하기에 조금 부족하겠지요. 가급적 구체적으로 적으세요.

ㅇ 행복감

ㅇ 즐거움

ㅇ 성취감

ㅇ 편안함

ㅇ 설레임

년 월 일

ㅇ사 랑

ㅇ고마움

ㅇ희 망

ㅇ우 정

ㅇ만족감

2. 단어들과 관련된 기억을 모두 적으셨나요? 그렇다면 최대한 그 기억을 구체적으로 떠올려보세요. 지인들의 기억이나 앨범이나 사진 같은 자료들을 통해 더 자세한 기억을 떠올려도 좋습니다. 제시한 단어의 감정들에 좀 더 충실하게 그 기억들을 음미하세요.

31

오늘 하루 고마웠던 일 3가지는?

사람들이 무작정 싫어질 때
모든 일이 불만족스러울 때
나만을 위해 살고 있다고 느낄 때

감사 일기를 써본 적 있나요? 삶을 지탱할 수 있는 것은 일상 속에서 일어나는 많은 좋은 일들 덕분이에요. 하루 중 있었던 좋은 일, 감사한 일들을 잊어버리기 전에 기록하고 기억하세요. 의외로 좋은 일들이 많이 있었음에 더 감사하게 될 거예요. 또 어떤 좋은 일이 생길까, 매순간을 기대하게 될 거예요.

감사 일기를 쓰는 방법은 간단합니다. 실제로 겪은 좋은 일, 감사한 일 혹은 좋은 생각, 긍정적이고 축복될 만한 일 세 가지를 떠오르는 대로 적어보세요. 꾸미지 말고, 더하거나 빼지도 말고 생각나는 대로 써보세요.

매일 꾸준히 쓰는 것이 중요해요. 한 달 정도 시간이 지나면 기억은 대부분 희미해집니다. 그럴 때 감사 일기를 펼쳐 전날 썼던 일기를 읽어보세요. 새록새록 기억이 되살아날 거예요. 기억하고, 반추하며, 그 느낌과 만족감을 되새겨 보는 것도 좋아요. 우리의 뇌는 부정적인 기억은 또렷하게 기억하지만 긍정적인 기억과 기분은 쉽게 잊어버리는 경향이 있어요. 감사 일기는 인생이 슬픈 일들로만 가득 차 있지 않다는 사실을 가르쳐주는 매우 값진 실천입니다. 시간이 지난 뒤에도 기억해낼 수 있도록 기억의 단서를 달아두는 것은 나쁘지 않겠죠.

31 Journal

작은 일에 감사할 수 있다면 일상이 더욱 풍요로워집니다. 오늘 하루 감사한 일을 3가지 떠올려 보세요. 작은 일이라도 매일 써보세요.

감사일기장 ㉰

요일	오늘의 감사 3가지
월	① 자전거 바퀴에 바람이 빠져서 잘 나가지 않았다. 아빠가 바퀴를 손보고 바람을 넣어주었다. 씽씽 잘 나간다. ② 버스에서 내리려고 하차 버튼을 누르려는데 내가 앉은 좌석에서 버튼이 좀 뒤쪽에 있었다. 뒤에 앉은 아주머니께서 알아채고 대신 버튼을 눌러주셨다. 웃으면서 고마운 마음을 전했다. ③ 며칠 전 행운목에 새싹이 돋은 것을 봤는데 오늘 보니 며칠 사이 10센티미터나 넘게 자라 있었다! 기특한 녀석.

감사일기장

요일	오늘의 감사 3가지
월	① 자전거 바퀴에 바람이 빠져서 잘 나가지 않았다. 아빠가 바퀴를 손보고 바람을 넣어주었다. 씽씽 잘 나간다. ② 버스에서 내리려고 하차 버튼을 누르려는데 내가 앉은 좌석에서 버튼이 좀 뒤쪽에 있었다. 뒤에 앉은 아주머니께서 알아채고 대신 버튼을 눌러주셨다. 웃으면서 고마운 마음을 전했다. ③ 며칠 전 행운목에 새싹이 돋은 것을 봤는데 오늘 보니 며칠 사이 10센티미터나 넘게 자라 있었다! 기특한 녀석.
화	① 오래 전 친구가 갑자기 연락하고 사무실로 찾아와주었다. 나를 잊지 않아주어서 기뻤다. ② 동료가 나의 일을 대신 처리해주었다. 고마워서 커피를 대접해주었다. ③ 엄마가 점심으로 김밥도시락을 싸주셨다. 피곤하실 텐데 몸소 싸주신 거다. 엄마의 사랑은 늘 한결같다.

년 월 일

감사일기장

요일	오늘의 감사 3가지

"나 혼자서는 행복해질 수 없다.
원하든 원하지 않든 우리는 서로 연결되어 있기 때문이다."

- 달라이 라마 -

나는 사랑받으며 살고 있을까?

인간관계

32

고민을 나눌 만한 친구는?

지독한 외로움이 밀려올 때
세상에 나 혼자라고 느낄 때
주위를 둘러봐도 편한 사람 하나 없을 때

외로우니까 사람이다. 정호승 시인의 시 제목으로 유명한 말이죠. 외로움을 견디며 사는 게 인생이라지만 속내를 터놓을 수 있는 친구, 사랑하는 연인이 있으면 인생이 더 멋지지 않을까요. 외롭다고 느낀다면 잠시 주변을 둘러보세요. 경제적으로 안정된 삶, 일에서의 성취를 추구하며 달려오느라 정작 소중한 것을 잃지는 않았나요? 바쁘다는 이유로, 가깝고 편한 사이니까 이해해줄 것이라고 안일하게 생각하면서 친구, 가족, 동료에게 소홀하지 않았나요?

우리는 사람 없이 살 수 없습니다. 타인과의 친밀한 관계에 놓여 있을 때 비로소 심신의 안정을 얻곤 하죠. 다른 어떤 것도 친밀한 관계에서 얻는 만족과 안정을 대신할 수 없어요. 외로움은 친밀한 관계가 아닌 다른 어떤 것으로도 채워지지 않습니다. 오직 사람만이 해답이에요.

"모든 것을 가졌다 해도 친구가 없다면 아무도 살고 싶어 하지 않을 것이다." 기원전 3세기 고대 그리스의 철학자 아리스토텔레스가 한 말이에요. 이후 수많은 철학자와 작가들이 친구의 중요성을 강조했어요. 진실한 친구가 필요한가요? 그렇다면 먼저 진실한 친구가 되어주세요.

32 Journal

1. '내 인생의 친구들'을 떠올려보세요. 이들의 이름을 모두 적어보세요.

2. 당신이 그 사람 곁에 있을 때 또는 생각만 해도 생기는 감정과 느낌을 써 보세요.

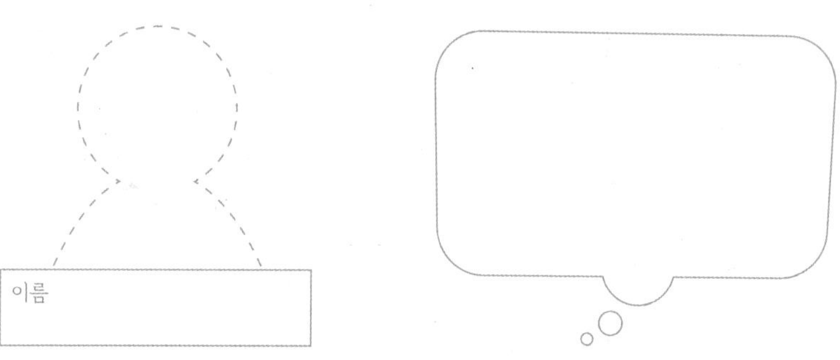

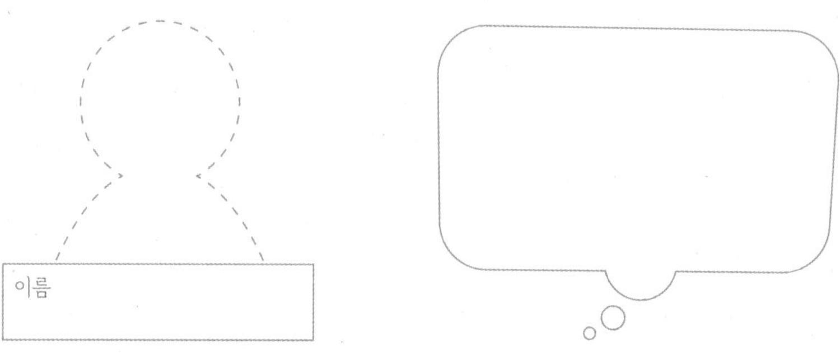

3. 그 친구들에게 해주고 싶은 한마디를 적어보세요.

_________에게

_________에게

_________에게

33

친해지고 싶은 사람에게 다가가는 방법은?

사람에게 다가가기 힘들 때
친밀한 관계를 맺는 게 어려울 때
친구로 지내고 싶은 사람이 생겼을 때

지금 당신은 외롭습니다. 당신은 비록 호감을 느꼈지만 친해지지는 못한 사람들이 많을 거예요. 그리고 그들과 아쉽게 이별해왔습니다. 왜 그랬을까요? 쿨해서, 아니면 용기가 없어서?

도시의 삶은 은연중에 외면하는 법을 가르칩니다. 많은 사람을 외면하면서, 가급적 그들에게 무관심하게 지낼 수 있도록 쳇바퀴가 짜여 있지요. 마치 쳇바퀴를 도는 다람쥐 같죠. 그도 그럴 것이 이름조차 다 기억할 수 없는 숱한 만남 속에 허우적거리니까요. 그 습관에 익숙해져 이제는 호감 가는 사람, 가까워지고 싶은 사람에게조차 '쿨한' 태도를 취하는 것이죠. 당신은 특별한 우연이 생겨야 그 사람과 친해질 수 있을 거라고 변명합니다. 그 착각 때문에 우리는 고독해지는데도 말이죠.

우리는 지금 친구를 얻는 법을 잊어버렸습니다. 군중 속 고독은 자연스러운 일도, 당연한 일도 아니에요. 철학자 야스퍼스는 말합니다. "나는 타인과의 소통에 의해 비로소 존재한다." 타인과의 소통이 없다면 그것은 생명만 유지할 뿐 제대로 사는 것은 아닐지도 모릅니다.

지금 친밀해지고 싶은 사람이 있나요? 그와 친해질 방법을 고민할 정도라면 당신은 아마도 퍽 오래 그 사람을 지켜보았을 거예요. 그와 진실한 친구가 되고 싶나요? 당신에게 필요한 것은 '쿨함'이 아니라 용기예요. 다가가 먼저 말을 걸어보세요. 이번에도 후회하지 말고요.

33 Journal

1. 친해지고 싶은 사람이 있나요? 그 사람의 이름을 떠올려보세요. 눈을 맞추며 인사부터 시작해 볼까요? 말을 건네고 싶은 사람에게 하고 싶은 인사말을 말풍선에 적어보세요.

2. 자, 이제 용기를 내어 보세요. 실제로 상대방에게 인사를 건네 봅시다. 인사를 건넨 후의 상대방의 반응은 어떠했나요? 그 사람과의 첫 대화를 말풍선에 적어보세요.

3. 관계에는 시간과 정성이 필요합니다. 좋은 관계를 위해 어떤 노력이 필요한지를 써보세요.

34

아직도 용서하기 힘든 사람은?

도저히 용서할 수 없을 때

미워하는 사람 때문에 힘들 때

마음속에 분노가 사라지지 않을 때

용서가 왜 그렇게 힘들까요? 원망하거나 증오하는 대상이 존재하고 그와 화해하지 못했거나 그를 용서하지 못하면 마음의 짐에서 벗어나기 힘들죠. 바로 그 마음이 나를 아프게 합니다. 결국 근본적인 마음 회복이란 용서하는 일이겠죠. 용서는 노력이 많이 필요한 감정이에요. 용서만큼 곰삭은 감정도 없을 거예요. 원망과 분노, 증오의 감정이 식을 만큼 시간이 지나야만 비로소 용서라는 단어가 생각나죠. 상대에 대한 미운 감정이 남아 있다면 억지로 용서하려 시도하지 마세요. 언젠가는 용서할 것이라는 것을 염두에 두면 됩니다. 진정한 용서는 미움을 완전히 이겨낼 때만 가능해요.

이처럼 용서하지 못하는 것은 한 번 더 나를 아프게 합니다. 결과적으로 마음속에 분노와 미움이 쌓여 자신을 파괴하고 아픈 기억에 자신을 가두게 되니까요. 반대로 용서는 자신을 가장 사랑하는 방법이에요. 용서하면 평정을 얻고,

마음이 온전해지고, 삶을 포용할 수 있어요. 스피노자는 “최고의 미움을 넘어서야 사랑이 온다”고 말했습니다. 용서는 사랑보다 뛰어난 능력이에요. 부디 용서하세요.

34 Journal

아직도 마음속에 응어리로 남아 있는 일이 있나요? 그렇다면 이제 나를 힘들게 했던 사람, 울분을 참을 수 없었던 일 등 지난 일들을 천천히 떠올려 보세요.

1. 물 컵 안에 아직도 용서하지 못한 지난 일이나 사람을 모두 적어 넣으세요. (나에게 거짓말 했던 친구, 나에게 상처를 받았다고만 하는 동생, 나에게 심한 말을 했던 선배 등)

2. 다음으로 왼쪽 컵 안에는 그때의 힘들었던 감정들도 적어보세요. (화가 났지만 참았다, 눈물이 났다, 도저히 용서할 수 없다 등)

3. 이제 컵 안의 물을 색칠해보세요. 컵 안에 들어 있던 물이 다른 컵으로 옮겨지고 다시 바닥에 쏟아지는 과정을 모두 색칠해보세요. 써놓은 글들이 물속에 잠기도록 색칠하세요. 글자들이 지워져도 괜찮아요.

4. 그렇게 용서하지 못한 마음을 떠나보내세요.

35

최근에 내가 질투심을 느낀 사람은?

남보다 자신이 부족하다고 느낄 때
시기와 질투에서 벗어나기 힘들 때
친구들과 자신을 자주 비교하게 될 때

자꾸 생각나는 사람이 있어요. 이유는 둘 중 하나일 가능성이 큽니다. 좋아하거나 싫어하거나. 어느 쪽이든 그 사람을 항상 마음으로 의식한다는 것은 사실이겠죠. 존경하고 좋아해서 그 사람이 자꾸 생각난다면 긍정적이고 유익한 일이에요. 하지만 대개는 반대의 경우가 더 많아요. 시기하거나 질투하거나 미워하거나. 경험해봐서 잘 알 테지만 누군가에게 부정적인 감정을 갖는 것은 무척 고통스러운 일이에요. 다른 일에 통 집중하기가 어려워지기도 하죠. 사실 질투는 성장을 위한 좋은 재료일 수 있어요. 질투를 어떻게 바라보고 활용하느냐가 관건이겠죠.

살리에르 증후군이란 말이 있어요. 영화 <아마데우스>에서 살리에르가 모차르트의 재능을 시기하며 몹시 괴로워하죠. 살리에르 역시 뛰어난 작곡가였음에도 말이에요. 이처럼 질투는 자기를 있는 그대로 인정하지 않기 때문에 생기는 부정적인 감정입니다. 사람마다 지문이 다르듯, 다른 사람과 자기를 비교하지 말고 있는 그대로 받아들이는 자세가 중요해요. 남과 다르기 때문에 다른 사람에게는 없는 자기만의 개성을 갖고 있죠. 하지만 늘 다른 사람이 가진 것에 더 관심이 많다 보니 정작 자신이 이미 갖고 있는 것을 잊고 지내기 쉽습니다. 나를 있는 그대로 받아들일 때 비로소 긍정적인 자아상이 확립되죠. 우리는 저마다 개별적인 존재로 태어나고 자신만의 방식으로 살아갈 때 자기가치감을 느낄 수 있어요. 우리는 모두 이미 특별한 존재들입니다. 내 안에 숨어 있는 긍정성을 발견하는 시간을 많이 즐기세요.

35 Journal

요즘 내가 부러워하는 사람들을 찬찬히 떠올려보면서 다음 질문에 답해보세요.

1. 특히 요즘 부러워하는 사람들은 누구인가요? 또 이들의 어떤 점을 부러워하고 있나요?

2. 반대로 남들이 나를 부러워한 적이 있었나요? 있다면 나의 어떤 점을 부러워했나요?

3. 2번을 답해보면서 미처 몰랐던 나만의 가치를 편하게 써보세요. 사소한 것도 좋아요.

36

나는 남을 잘 공감하는 편일까?

나와 다른 의견에 화가 날 때

남의 말에 공감을 느끼기 어려울 때

이해할 수 없는 일이나 사람 때문에 힘들 때

도시가 한눈에 내려다보이는 높은 곳에 왕자의 동상이 서 있어요. 온몸이 황금으로 덮여 있고 두 눈에는 사파이어가 박혀 반짝입니다. 제비 한 마리가 날아와 동상의 발등 위에 내려앉습니다. 그때 제비의 등으로 뚝, 뚝 눈물이 떨어져요. 왕자의 눈물입니다. 살았을 때 눈물을 흘려본 적 없는 왕자예요. 높은 곳에 동상으로 서서 도시를 내려다보니 그제야 사람들의 고통이 보이기 시작한 것이죠. 왕자는 말합니다. "내가 눈물을 알게 되었다." 오스카 와일드의 <행복한 왕자>는 타인의 고통에 공감한 왕자의 눈물을 통해 진한 감동을 전합니다. 물질을 중시하고 경쟁을 부추기는 사회에서 성장한 우리는 조금씩 후천적 공감 결핍증을 앓고 있어요. 갈수록 타인의 슬픔이나 고통에 무감해지는 사회를 생각하면 마음이 아픕니다. 사람마다 타고난 공감 능력은 조금씩 차이가 나지만 후천적인 노력으로 계발할 수 있어요.

우리의 뇌에는 타인의 마음을 읽을 수 있는 신경계인 '거울 뉴런'이 존재합니다. 타인의 표정이나 행동을 거울처럼 되비치는 것이죠. 공감 능력이 부족한 사람은, 태어날 때부터 유전적 이유 때문에 거울 뉴런이 제대로 작동하지 않는 경우도 있지만, 대부분은 후천적으로 노력하지 않거나 공감할 환경이 주어지지 않아 공감 능력을 계발하지 못했기 때문이에요. 가끔은 입장 바꿔서 느끼고 생각해봤으면 해요. '내가 그 사람이라면 지금 얼마나 힘들까.' 한 발자국 물러서 생각하는 만큼 그 사람과 한 발자국 더 가까워지는 겁니다.

36 Journal

공감하는 만큼 상대방을 이해할 수 있습니다. 또, 이해한 만큼 가까워질 수 있습니다. 이제 그 사람이 되어보는 연습을 해봅시다. 다음의 3단계를 차분히 밟아보세요.

1. 최근에 이해할 수 없었던 사람이 있었나요? 있다면 어떤 점이 이해할 수 없었나요?

2. 자, 그렇다면 내가 '그 사람'이라고 가정해봅시다. 가능한 한 그의 입장에서 그가 나에게 하고 싶은 말을 적어보세요.

3. 그 사람이 되어보니, 어떠했나요? 그 사람의 입장에서 내가 미처 생각하지 못했던 점은 무엇이었나요?

37

나는 사랑하며 살고 있을까?

사람을 믿지 않게 되었을 때

영원한 사랑은 없다고 생각할 때

현실적인 일에만 매몰되어 있을 때

"서로를 사랑하지 않으면 멸망하리." 시인 오든의 말입니다. 이 시는 내내 새겨야 할 말이에요. 우리는 사랑 없이 존재할 수 없습니다. 심리학자 조지 베일런트는 "무조건적인 애착, 용서, 감사, 다정한 시선 마주치기"를 인류를 존속시킨 사랑의 특징으로 꼽았습니다.

우리는 사랑하기 위해, 사랑 받기 위해 태어났습니다. 사랑하세요. 아무리 어렵고 힘든 일이 있어도 사랑만큼은 저버리지 말아야 합니다. 우리 주변에는 사랑 아닌 다른 것들을 추종하다 시들어가는 사람들이 많아요. 인간의 존엄은 사랑으로만 지킬 수 있습니다. 그러나 살면서 마주치는 숱한 상처들은 사랑을 포기하고 두려워하게 만들죠. 상처가 사랑의 날개를 꺾기도 합니다. 더욱이 사랑하다 입은 상처는 사랑을 거부하게 만들죠.

열렬히 사랑했지만 아프게 이별한 한 여성의 이야기를 들었습니다. 그녀는 사랑의 상처가 너무 커 20년 가까이 남자를 쳐다보지도 않고 살았다며 "정당한 선택"이었다고 하더군요. 글쎄요. 혹 누군가가 당신의 뺨을 때린다면 도리어 그를 사랑하세요. 사랑은 미움도, 용서도, 지겨움도, 혐오도 넘어서는 가장 나중에 지니는 마음입니다. 용서하고 받아들이고, 이해하며 내 안의 사랑을 전하세요. 그럼에도 불구하고 인생을 지키는 가장 현명한 방법이란 결국 사람들을, 이 세계를 사랑하는 것입니다. 당신은 사랑하기 위해 이렇게 존재하고 있어요.

37 Journal

1. 지금 당신의 사랑 온도는 몇 도인가요? 일상 안에서 느끼고 있는 사랑의 감정이 얼마나 되는지 색칠해 보세요.

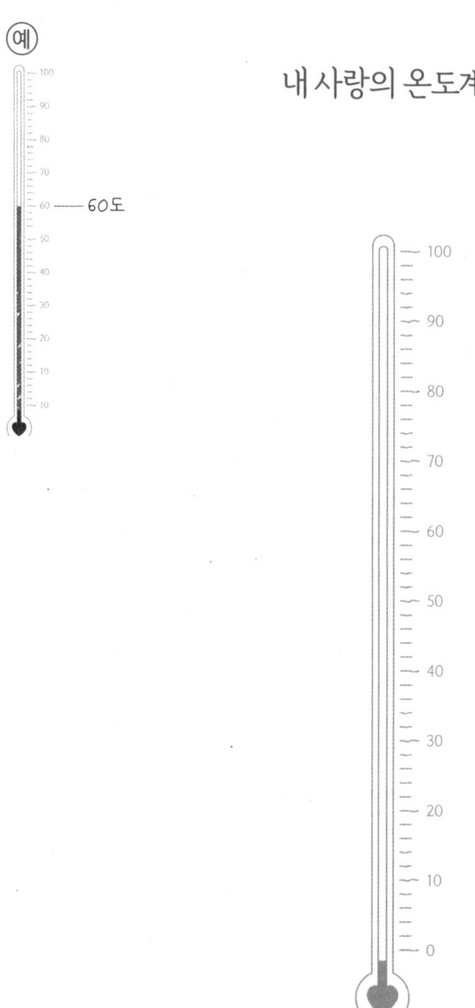

2. 사랑의 온도는 높을수록 좋아요. 온도를 더 높일 수 있는 방법들을 생각해보세요. 누군가에게 사랑받기 위해서, 또는 누군가를 사랑하기 위해서 어떤 노력이 필요할까요? 예를 들면,

– 그 사람들의 장점을 찾아내 칭찬한다.

– 그 사람에게 작은 선물을 한다.

– 그 사람의 말에 공감을 표시해준다.

38

지금 나는 사랑받고 있을까?

주변 사람들에게 한동안 무심했을 때
정성 들여 마음을 전해본 적이 없을 때
문득 누군가가 소중하게 느껴질 때

"당신은 모든 사람들을 잃어버렸어요. 어떻게 그런 기분이 사라져버렸는지 우습지 않나요. 데스페라도. 중립적인 입장에서 벗어나 문을 활짝 열어요. 비가 오고 있을 거예요. 당신 위에 무지개가 뜨면, 누군가가 당신을 사랑하도록 해보세요. 늦기 전에 말이에요."

제가 이글스의 노래를 좋아합니다. 특히 <데스페라도>의 마지막 가사가 참 좋아요. 이 노래를 듣다가 문득 누군가를 사랑하는 것 못지않게 사랑 받는 것이 얼마나 중요한지 깨달았어요. 또 이런 노래도 있잖아요. "당신은 사랑 받기 위해 태어난 사람……" 과연 당신은 사랑 받고 있나요? 사랑하는 것 못지않게 사랑 받기 위해서도 노력이 필요합니다. 내 안의 사랑의 불씨를 점검해보세요. 사랑하고 또 사랑 받는 사람이 건강한 사람입니다.

어쩌면 우리 안에 꿈틀거리던 사랑의 씨앗이 메말라 있는지 모르겠어요. 바쁘고 경쟁적인 일상에 치여 우리의 사랑이 위축됐을 수도 있어요. 그 사이 사랑의 불씨가 꺼져가는지도 모르겠어요. 우리는 사랑으로 태어났고, 사랑하기 위해 태어났고, 사랑 받기에 마땅한 존재입니다. 더 늦기 전에 당신 안에 꺼져가는 사랑의 불씨를 되살리세요. 손편지 쓰기가 도움이 될 것 같네요.

38 Journal

손편지를 보내고 싶은 사람들을 떠올려보세요. 그 사람에게 정성껏 손편지를 써보세요.

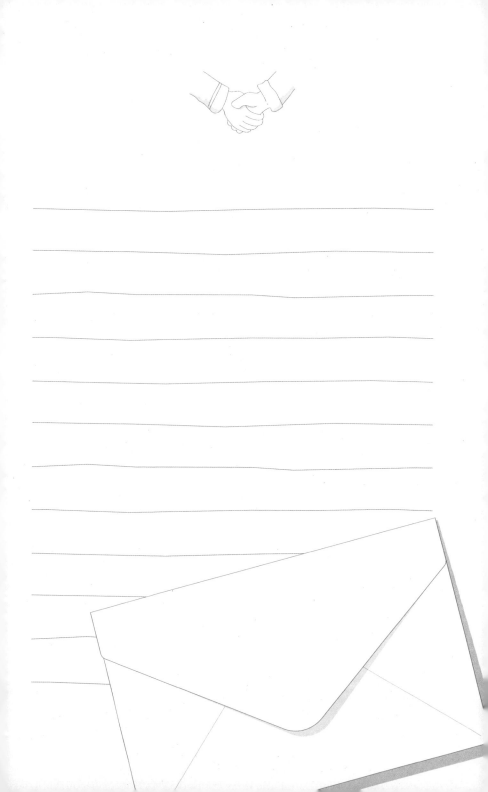

39

나는 형제자매와 잘 지내고 있을까?

최근에 멀어진 형제가 있을 때

소원해진 형제에게 먼저 다가가고 싶을 때

사소한 말이나 행동으로 형제간에 싸웠을 때

구약성경의 <창세기>를 보면 아담과 하와 사이에 태어난 두 형제 카인과 아벨의 이야기가 등장합니다. 형 카인은 농사를 짓는 농부이고, 아벨은 양을 치는 목동이에요. 하지만 신은 아벨이 바치는 양을 좋아하고, 카인이 바치는 작물은 싫어합니다. 이에 질투심을 느낀 카인은 아벨을 살해하고 맙니다. 이렇듯 형제자매는 가장 의지하는 존재인 동시에 가장 질투하는 존재입니다.

요즘은 형제자매가 있어도 각자 사는 일이 바빠 얼굴 보기가 힘들죠. 우리는 부모에 대한 이야기는 많이 하지만 형제자매에 대한 이야기는 거의 하지 않아요. 외동이라면 모를까, 내 형제자매를 모른 척하며 지내는 일은 가슴 아프고 슬픈 일이에요. 경쟁하고 질투했어도 한 부모 아래 어린 시절을 함께 보내며 쌓은 많은 추억을 모른 척할 수는 없어요. 엄마에게 혼나 울음을 터뜨렸을 때 같이 울어주던 자매에게, 남자애들이 짓궂은 장난으로 괴롭힐라치면 때맞춰 나타나 나를 지켜주던 형제에게 그동안 전하지 못한 그리움과 미안함을 전해보세요. 한때 가장 친한 친구였으나 이제는 가장 먼 친구가 되어버린 형제자매에게 먼저 연락을 해보세요. 안부를 묻는 문자 메시지를 보내도 좋고, 작은 다툼이 있었다면 먼저 화해의 손을 내밀어볼 수 있겠죠.

39 Journal

어렸을 적 형제자매와 지냈던 즐거웠던 추억을 떠올려보세요. 생각나는 일이나 장면을 적어보고, 그때의 기분을 느껴보아요.

1. 어릴 적 형제자매와의 기억 중에 인상적인 추억은?

2. 그 추억의 순간으로 돌아가서 그때의 기분을 묘사해보세요.

3. 행복하고 즐거웠던 형제자매와의 추억을 담아 지금 당장 안부의 문자를 해볼까요?

받는 이 :

보내는 이 :

40

부모님의 어린 시절은 어떠했을까?

부모님과 사이가 안 좋을 때
부모님으로부터 큰 상처를 받았을 때
부모님의 관심과 사랑이 부족하다고 느낄 때

세상에서 가장 가까우면서도 가장 이해하기 어려운 사람이 내 부모가 아닐까요. 사는 동안 만나는 모든 사람을 이해하고 수긍할 필요는 없죠. 하지만 반드시 이해하고 내 것으로 받아들여야 하는 사람의 삶도 있습니다. 그 첫 번째가 내 어머니, 내 아버지의 삶일 거예요.

인생에서 경험하는 상처의 한가운데에 부모가 놓여 있는 사람도 있을 것입니다. 하지만 우리는 부모를 이해해야 합니다. 그들을 이해하지 않으면, 부모와 관련된 모든 것을 받아들이지 않으면 결국에는 우리가 존재의 괴로움에서 벗어나지 못할 것이니까요. 내 부모를 이해한다는 것은 인생의 순리를 깨닫는다는 것과도 일맥상통하지요.

또한 부모의 삶을 이해하는 것은 곧 나를 이해하는 일이기도 합니다. 하지만 그들의 언행들 가운데는 이해할 수 없는 일이 아주 많습니다. 때로 그것이 나를 슬프게 하고 화나게 하고, 고통스럽게 하며, 평생 갈 상처로 남기도 하고요. 어렸을 때 내 부모는 참 커 보였습니다. 그러다 언젠가부터 조금씩 작아지는 그들의 몸집과 여린 마음이 보이기 시작했죠. 그리고 언제가 될지 모르지만 작별의 순간이 찾아올 겁니다. 더 늦기 전에 마음을 열어보세요.

40 Journal

1. '부모' 라는 단어가 연상시키는 단어들을 적어보세요. 깊게 생각하거나 계획해서 쓰지 말고 생각나는 대로 빨리 쓰되, 다시 생각하거나 검열하지 않습니다.

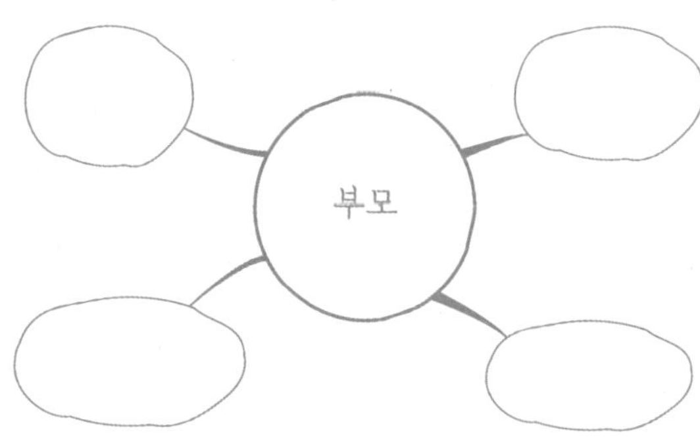

2, 내가 부모라면? '내가 되고 싶은 부모의 모습'을 부모의 입장이 되어 상상해보세요.

3. 부모님과 함께했던 어렸을 적 행복했던 사진을 오려서 마음에 간직해봅시다.

4. 행복했던 그 시절로 돌아가서 부모님께 꼭 하고 싶은 말을 적어보세요.

41

나는 가족에 대해 얼마나 알고 있을까?

나의 뿌리를 알고 싶을 때

가족의 소중함을 느끼고 싶을 때

부모님의 어린 시절이 궁금해질 때

아이들은 종종 어른들을 꼼짝 못하게 하는 질문을 던지곤 하죠. "나는 어디서 왔어?"도 그런 질문 중 하나일 것입니다. 하지만 곰곰 생각해보면 상당히 철학적인 질문이에요. 아까와는 다른 눈으로 아이를 바라보게 됩니다.

'나는 어디서 와서 어디로 가는가?' '나는 어떻게 만들어진 존재일까?' 제가 종종 묻는 질문입니다. 인간은 자기 존재를 규명하고 싶어 하죠. 철학이 생긴 중요한 이유이기도 합니다. 자기정체성을 확인하는 방법은 여럿 있어요. 뇌과학·철학·심리학 접근 등 심오하고 분석적인 접근법이 많습니다. 그리고 아주 간단하지만 요긴한 방법도 있어요. 잘 알려져 있는 나무와 집, 사람을 아무런 의도 없이 떠오르는 대로 그려보고 그 상징적인 뜻을 살핀다거나(그때는 집-나무-사람 그림 검사를 다룬 책을 참고하세요) 심리 검사 사이트 등에서 성격이나 지능, 성품과 관련된 테스트를 통해 심리적 실체를 들여다볼 수도 있어요.

다른 도구나 사람의 도움 없이 할 수 있는 방법도 있어요. 바로 가계도를 그려 보는 것이에요. 나의 뿌리를 거슬러 올라가는 일은 자기를 이해하는 데 매우 효과적입니다. 내가 어디서 왔는지, 어떻게 만들어졌는지 그 답을 얻을 수 있을 거예요.

41 Journal

1. 아래처럼 자신의 가계도를 그려보세요.

① 나를 기준으로 아버지, 어머니, 할아버지, 할머니까지 표시하고, 이름을 적어보세요.
② 아버지나 어머니에게 형제자매가 있다면 이름을 적어보세요.

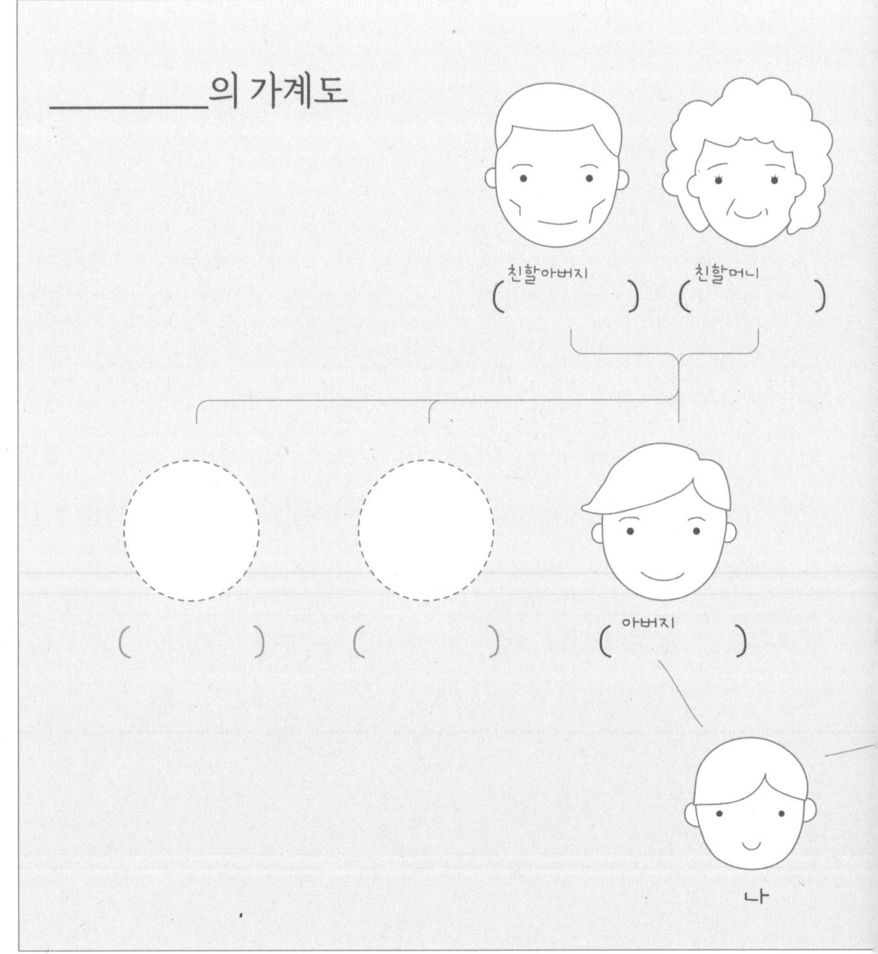

2. 가계도를 작성하면서 새삼 느낀 점은 무엇인가요?

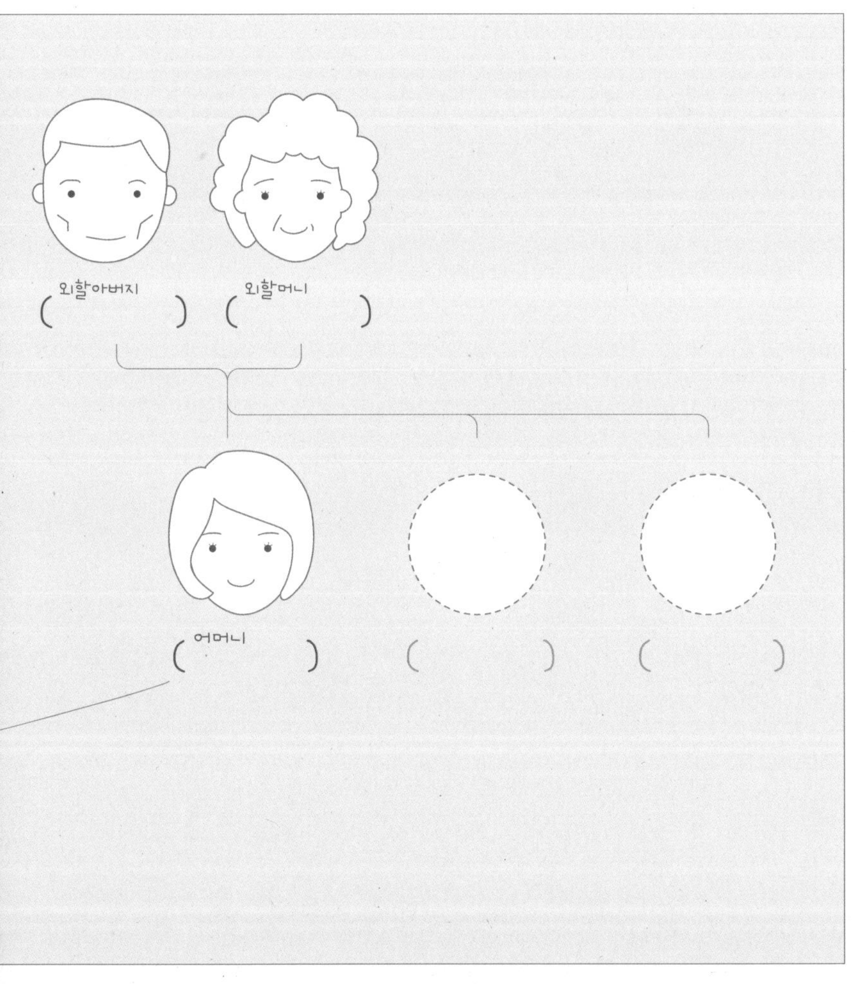

"모든 여행은 나를 찾아 떠나는 길이다"

- 헤르만 헤세 -

자기만의 방을 가지고 있는가?

자아탐색

42

내 얼굴을 자세히 본 적 있을까?

거울 속의 내가 낯설게 느껴질 때
내 얼굴이 갑자기 늙어 보일 때
문득 내 모습이 궁금하게 다가올 때

한국 회화사에서 가장 자랑한 만한 분야는 초상화입니다. 화원들이 그린 왕의 초상화를 보면 눈썹 한 올 한 올부터 눈가의 주름, 눈동자의 생기까지 놀랄 만큼 섬세하죠. 그런데 조선은 왕의 용안을 정면으로 응시하는 게 불가능하던 시대였어요. 짧은 스침으로 용안의 생김을 다 간파하고 그 모든 정보들을 기억했다가 그림으로 그려냈습니다. 감탄할 만한 솜씨죠. 문인으로서 윤두서가 남긴 자화상도 말문을 잃게 만듭니다. 정면을 응시한 과감한 구도는 물론 수염이며 눈가의 주름, 살아 있는 듯한 착각을 불러일으키는 눈빛까지! 자신의 정신까지 고스란히 그려낸 것 같죠. 얼마나 자신을 잘 이해해야 이런 그림을 그릴 수 있을까 궁금했습니다.

당신도 자화상을 그려보세요. 그림 실력은 중요하지 않습니다. 자기 자신을 그린다는 그 자체가 중요합니다. 그러려면 자신의 모습을 잘 관찰해야겠죠. 눈,

코, 귀, 입술, 얼굴 형태와 이마 등을 천천히 그리고 자세히 들여다보세요. 살면서 지금처럼 자기 자신을 관찰한 적 없다는 사실을 깨닫고 놀라게 될 것입니다. 마음의 상태에 따라 미세하게 변하는 것들도 발견하게 될 거예요. 또한 미처 알지 못했던 여러 정보들이 그제야 보이기 시작할 것입니다. 충분히 관찰하면서 여유 있게 그리세요. 앞으로도 자주 자화상을 그려보세요. 그리고 이 책과 함께 당신의 자화상을 영원히 보관하세요.

1. 내가 생각하는 내 모습을 자유롭게 그려보세요.

① 먼저, 연필과 지우개를 준비하세요.
② 평소에 내가 자주 짓는 표정을 생각해보세요.
③ 나의 눈, 코, 입 등을 관찰해보세요.
④ 지인들에게 자신의 얼굴에 대해 코멘트를 들어보세요.
⑤ 나의 모습을 그려보세요. 자세히 그리지 않아도 됩니다.

2. 자신이 그린 자화상을 천천히 응시하며 생각하는 것들을 적어보세요. 느낌, 질감, 형태, 그림 속 눈이 말하고자 하는 이야기 등을 적어보세요.

43

나는 나를 어떻게 생각할까?

나만의 가치를 잘 모를 때

남보다 탁월한 나의 재능을 알고 싶을 때

나답게 살고 싶을 때

"당신은 무엇을 잘하세요?" 이 질문을 듣고 처음 든 생각이 혹시 '내가 남들보다 잘하는 게 뭐지?'라고 고민하지는 않았나요? 언제부턴가 우리는 아주 당연하게 '내가 잘하는 것'의 기준을 '남들보다 잘하는 것'으로 규정합니다. 타인과 경쟁하고 비교하는 평가 방식에 익숙해 있어요. 저마다 타고나는 재주와 능력, 환경이 다를 수밖에 없는데도 말이죠. '내가 잘하는 것'은 내가 생각할 때 잘하는 것이어야 해요. 다시 묻죠. 당신은 무엇을 잘하세요?

캐롤 드웩은 쓸데없는 칭찬의 남발이 도전과 노력을 기피하는 무기력한 사람을 만든다고 주의를 당부합니다. 진실한 자존감은 실질적 성취와 거기서 우러나오는 효능감을 바탕으로 만들어지거든요. 자기 스스로 가치를 정하고, 의미 있게 생각하는 그 일에서 만족할 만한 결과를 만들고, 타인의 판단이 아니라 스스로 그 결과를 치하하는 것, 그런 과정의 반복이 진실한 자존감을 만들어요.

그리고 어떤 일을 잘할 수 있다는 자기효능감이라는 고양된 감정도 갖게 합니다. "나, 그거 잘해." 얼마나 기분 좋은 말인가요?

우리에게는 《이상한 나라의 앨리스》의 앨리스처럼 어떤 유혹과 혼란에도 자기정체성을 제 뜻대로 정하는 자유의지와 용기가 필요해요. 내 장점들을 되짚어보고 긍정하는 시간을 가져보세요. 문제는 그 능력을 내가 어떻게 생각하느냐예요. 당신은 이미 많은 능력과 덕성, 재능을 지녔어요. 자기 자신을 진심으로 긍정하고 조건 없이 신뢰하세요.

43 Journal

1. 다음의 글에서 나를 이루는 긍정적인 단어들에 동그라미를 그려보세요.

매년 이맘때면 나는 초조함과 그리움 속에 숨죽여 기다린다. 내게 새로운 탄생의 기적을 열어줄 특별한 순간이 오지 않을까. 한 번쯤은 생명이 미소 지으며 땅에서 솟아올라 빛을 향해 어리고 큰 눈을 뜨는 모습을 한 시간이라도 볼 수 있지 않을까. 그 생명의 힘과 아름다움의 계시를 똑똑히 보고 이해하고 체험하게 되지 않을까 하고. 해마나 그 기적은 소리를 들려주고 향기를 뿜으며 내 곁을 스쳐간다. 나의 사랑과 숭배를 받지만 이해는 받지 못한 채로. 기적은 늘 내가 모르는 사이에 와 있다.

지금도 가끔 눈에 띄게 아름다운 나비를 보면 그때의 열정이 새록새록 되살아난다. 어릴 때 맨 처음 산호랑나비를 잡으려고 살금살금 다가가던 그 순간처럼 아이들만 느낄 수 있는 뭐라 표현하기 힘든 황홀경에 잠시나마 빠지는 것이다. 그러고 나서는 문득 셀 수 없이 많은 어린 날의 순간들이 눈앞에 떠오른다. 작열하는 오후 풀향기가 코를 찌르는 메마른 들판에서, 서늘한 아침 정원에서, 저녁나절 신비한 숲 언저리에서 보물을 찾는 사람처럼 채집망을 들고 웅크린 나는 매순간 경이로움과 행복에 사로잡혀 있었다.

헤르만 헤세 ≪청춘은 아름다워≫ 중에서

2. 동그라미 안의 단어들이 나를 나답게 만듭니다. 그 단어들을 나의 실루엣 안에 채워 보세요.

44

나는 어떤 방을 갖고 싶을까?

오롯이 혼자 있고 싶을 때
나 자신에게만 집중하고 싶을 때
재충전의 시간이 절실히 필요할 때

버지니아 울프는 여성이 소설을 쓰기 위해서는 '자기만의 방'이 필요하다고 말했어요. 자신과의 대화를 통해 자아의 성장을 이룰 수 있는 방. 그런 공간이 우리에게는 필요합니다. 자기만의 방, 즉 온전한 나로 존재할 수 있는 공간인 것이죠. 가면도 필요 없고 상처도 없는, 있는 그대로의 나를 만나는 공간이에요. 특히 내성적인 사람일수록 자기만의 방이 더 필요합니다. 혼자 있을 때 편안을 느끼고 재충전의 시간을 갖기 때문이죠.

당신은 이 방을 어떻게 꾸미고 싶은가요? 이 방은 오직 당신에게만 허용된 공간인 만큼 당신이 원하는 대로 꾸밀 수 있습니다. 불가능이란 없어요. 당신이 행복하고 충만함을 느끼며 위로와 치유를 받을 수 있는 공간으로 꾸며보세요. 한 여성이 이혼하고 혼자 살 작은 집을 꾸민 뒤 깜짝 놀랐다고 고백했습니다.

"남편과 같이 살던 집의 분위기와 완전히 달라요. 남편과 사는 동안 제가 남편의 취향을 고려해 집을 꾸몄더라고요. 저를 전혀 배려하지 않고 살았음을 뒤늦게 깨달았어요. 지금 사는 집은 전보다 작지만 제 마음에 쏙 들어요. 저는 지금 행복해요."

44 Journal

텅 빈 방이 있습니다. 지금부터 이 방의 주인은 당신입니다. 오롯이 당신 자신이 되는 공간으로 꾸며보세요.

① 먼저 이 방에 들여 놓고 싶은 물건들을 적어보세요.
(촛대, 향초, 책, 커피 잔, 흔들의자, 책상, 꽃병, 그림이나 사진, 오디오, 벤치, 펜과 노트 등)
② 이제 적은 물건들을 적절한 위치에 그려놓고 이름을 적어보세요.
③ 마지막으로 이 방에 이름을 지어보세요.

의 방

45

나는 독립적일까?

혼자서 판단하거나 책임지지 못할 때

남의 의견에 쉽게 따라갈 때

힘든 일이나 상황은 부담스러울 때

우리는 누구나 타인을 의식하며, 의지하며 삽니다. 특히 한국인의 심리 코드 중 하나가 관계중심성이라고 하죠. 관계를 지향하는 것은 인간의 본성이지만, 한국인은 관계를 중시하는 수준을 넘어 인간관계를 다른 가치보다 우위에 둔다는 뜻이에요. 때로는 관계중심성이 지나쳐 자신의 성장과 독립을 저해할 때가 생기기도 하고요. 자신을 돌아보거나 사소한 결정 혹은 선택을 할 때조차 타인의 시선이나 평가에 연연해 자기주장을 펴지 못했던 경험이 많을 것입니다. 타인과 조화롭게 관계 맺는 것은 나무랄 일이 아니죠. 타인을 전혀 의식하지 않고 나만 내세워서도 삶의 균형을 잃은 것입니다. 관계에서도 균형 감각이 중요해요. 자기 개성과 의식, 자유의지를 주체적으로 지키는 범위 내에서 타인과 주도적인 관계 맺기를 해야 합니다. 자기 삶의 주도권을 타인에게 위임해서는 안 된다는 뜻이죠. 즉, 자기 삶의 주인이 돼야 합니다.

살다 보면 내 뜻을 물리고 타인의 결정을 수용해야 할 때도 있죠. 이때도 타인의 의견에 공감했을 때, 존중할 만하다고 스스로 판단했을 때 동의를 표해야 합니다. 내 결정이 옳은지, 타인의 제안이 설득력 있는지 거듭 의심하고 자기주장을 펴면서 최선의 방법을 찾아야 해요. 왜냐하면 타인의 제안이라 하더라도 결국 최종 선택은 내가 내리는 것이고, 내 결정에 따라 내 인생의 방향이 정해지니까요. 내 인생의 주인은 오직 나뿐입니다.

45 Journal

이제부터 독립적인 나로 살겠다는 다짐이 필요합니다. 그럼 자아독립 10계명을 써보세요. 초안을 써보고 다듬어도 좋습니다. 우선 연필로 써보세요.

나는 나의 주인, 누구도 나에게 명령할 수 없다.

년 월 일

자아독립 10계명

∘ 제 1계명

∘ 제 2계명

∘ 제 3계명

∘ 제 4계명

∘ 제 5계명

∘ 제 6계명

∘ 제 7계명

∘ 제 8계명

∘ 제 9계명

∘ 제 10계명

46

나만의 강점이라면?

나의 재능이 무엇인지 알고 싶을 때
남들 앞에서 나를 소개하기 힘들 때
내가 잘하는 것이 하나도 없다고 느낄 때

사랑, 친절, 감사, 겸손, 용서…. 이 단어들을 하나씩 떠올려보세요. 긍정적인 단어는 기분을 좋게 만드는 힘이 있습니다. 우울했던 감정이 금세 밝은 기분으로 바뀌죠. 당신이 아는 긍정적인 단어의 수만큼 당신은 행복합니다. 평소 긍정적인 단어들을 많이 사용해보세요. 마찬가지로 자신의 이미지를 표현할 때도 긍정적인 단어들을 나열해보세요. 사람들은 자신에게 붙는 수식어에 맞게 살려고 하는 경향이 있거든요.
긍정적인 단어로 자신의 이미지를 만드는 것이 부정적인 결과를 가져올 때도 있습니다. 사람들에게 '착하다' '말 잘 듣는다' '사람 좋다' 같은 단어로 평가 받게 되면 자신의 진짜 감정이나 생각을 억제하면서까지 그런 이미지에 맞춰 살려고 애쓸 위험이 있어요. 낙인효과인 셈입니다. 그래서 말로 자기 자신은 물론 타인을 규정할 때는 항상 신중해야 해요. 평소 합당하고 긍정적인 어휘들을 생각하고 상기하는 것은 정신건강에도 좋아요.

긍정심리학자들은 인간의 긍정적인 성품 가운데 인류의 문화와 사상이 가장 중시하는 24가지 성격 강점을 찾아 분류했어요. 인간의 존엄과 위대한 인간성을 잘 정리한 덕성들입니다.

24가지 성격 강점표

덕목	강점
정의감	시민정신
	공정성
	리더십
절제력	자제력
	신중함
	겸손
용기	호연지기
	끈기
	지조
사랑과 인애	친절
	사랑
초월성	감수성
	감사
	낙관성
	영성
	용서
	유머
	열정
지혜와 지식	호기심
	학구열
	판단력
	창의성
	사회지능
	예견력

좋아하는 컬러의 색연필을 두 가지 준비합니다. 이제 아래의 1번과 2번에서 나를 표현하는 긍정적인 단어를 색을 달리하여 써보세요. (1번 2번 컬러 구분하여 쓰기)

1. [24가지 성격 강점표]에서 내가 생각하는 '나를 표현하는 긍정적인 단어'들을 모두 적어보세요.

2. 이제는 다른 사람들이 나를 평가하는 긍정적인 단어들을 모두 적어보세요.

3. 1번과 2번에서 공통적으로 나온 긍정적인 단어는 무엇인가요? 그 단어가 나의 강점이 됩니다. 그 단어를 중심으로 나를 모르는 사람들에게 나를 소개해봅시다.

47

내 성격은 어떤 모습일까?

나도 내 마음을 모를 때

남들이 나를 마음대로 평가할 때

쉽게 변하지 않는 나의 모습이 있을 때

삶은 선택의 연속입니다. 뭘 먹을까? 뭘 입을까? 이때 자기 욕망을 잘 이해하면 선택이 한결 쉬워집니다. 더 근본적으로는 자기이해(성찰)지능이 높은 사람일수록 자신의 성격, 가치관, 의식, 실수, 심리 등을 잘 이해하고 통찰합니다. 이런 사람이 성취도가 높을 가능성이 높죠.

자기이해지능은 타고난 성격적 특질과 밀접한 관련이 있어요. 또한 성격은 뇌의 특성에 기인하기 때문에 좀처럼 변하지 않고요. 자신의 성격을 모르면 살면서 참 많은 어려움을 겪을 수 있습니다. 직업 선택이 쉬운 예가 되겠네요. 우리는 대부분 현실적인 조건들을 감안해 직업을 선택합니다. 정말 중요한 순간임에도 자신의 성격과 그 직업적 특성이 잘 맞는지는 고려 대상에서 제외되기 일쑤죠. 첫 단추를 잘못 끼웠습니다. 일을 할수록 만족을 느끼지 못하고 당연히 성취도도 낮을 수밖에 없겠죠. 고통의 나날입니다. 우리는 그 전에 대학 진학

시 학과를 선택하면서도 마찬가지 실수를 범했어요. 성적에 맞춰 대학을 고르고 학과를 선택했어요. 이때도 내가 잘할 수 있는지, 좋아하는지 등은 전혀 고려 대상이 아니었죠.

이런 실수를 반복하는 근본 이유는 자신의 성격을 알지 못하기 때문이에요. 나아가 자기이해지능이 낮기 때문입니다. '아는 만큼 보인다'는 말이 있어요. 마찬가지로 자기를 '아는 만큼' 자기를 볼 수 있습니다. 당신은 어떤 성격의 소유자일까요? 심리학자들이 구분한 5가지 성격 유형으로 확인해보세요.

47 Journal

5가지 성격 유형표

외향성	적극적이고 능동적으로 참여하는 성향이에요. 외향성이 강하면 높은 보상, 추구와 획득에 뛰어나지만 육체적 위험을 자주 경험하고 불안정한 가족관계를 맺을 수도 있어요.
신경성	부정적인 감정을 자주 경험하고 스트레스에 취약합니다. 불안과 상처, 죄책감 등을 잘 느끼는 성향이죠. 신경성이 높을수록 경계심이 높고, 노력함에도 근심이 많고 우울감을 자주 경험해요.
성실성	자신의 생각과 행동을 잘 통제하고, 자제력이 높은 성향이에요. 성실성이 높으면 계획적이고 절제력 있는 삶을 살지만 경직된 모습을 보일 때가 많고 융통성도 부족할 수 있어요.
수용성	협조적이고 사려 깊으며 공감 능력이 뛰어난 성향입니다. 수용성이 높으면 조화로운 인간관계를 맺지만 자아를 세우지 못할 경우가 많고, 높은 지위에 오르기 어려울 수 있어요.
개방성	상상력과 감성이 풍부하고 사물에 대한 통찰력이 뛰어난 성향이에요. 개방성이 높을 경우 예술적 영감이 뛰어나지만 이상한 믿음에 사로잡힐 수도 있어요.

1. 이제 당신의 성격을 측정해봅시다. 각 항목에 1부터 10까지 정도를 숫자로 표현해보세요.

번호	내용	점수
1	모임에 참석하면 여러 사람들과 대화를 나누는 편이다.	
2	다른 사람과 있을 때 먼저 대화를 시작하는 편이다.	
3	비교적 말이 많은 편이다.	
4	남들이 나에게 관심을 가지는 것을 꺼리지 않는다.	
5	나는 모임에서 다른 사람들을 리드하는 편이다.	
6	걱정이 많다.	
7	화를 자주 낸다.	
8	짜증을 쉽게 낸다.	
9	마음이 흔들릴 때가 많다.	
10	우울할 때가 많다.	
11	다른 사람에게 관심이 많다.	
12	사람들에게 친절한 편이다.	
13	사람들의 기분을 잘 이해하는 편이다.	

14	사람들과 지내는 시간이 많다.	
15	남의 말에 잘 공감하는 편이다.	
16	청소를 자주 한다.	
17	계획한 일은 미루지 않는 편이다.	
18	내 일에 대해서는 최선을 다한다.	
19	일의 세부적인 사항까지 꼼꼼히 체크하는 편이다.	
20	모든 물건은 제자리에 놓여 있는 것이 편하다.	
21	어려운 단어를 자주 쓰는 편이다.	
22	각종 상식이나 정보에 대해 관심이 많고 많이 아는 편이다.	
23	이것저것 공상할 때가 많다.	
24	생각에 깊이 빠질 때가 많다.	
25	상황 판단이나 이해가 빠르다.	

2. 다음과 같이 각각의 성격에 그 합을 구해보세요.

1~5번 외향성 합계	6~10번 신경성 합계	11~15번 친화성 합계	16~20번 성실성 합계	21~25번 개방성 합계

3. 2번의 결과를 나의 성격 프로파일에 표현해보세요. 각 성격마다 컬러를 다르게 표시하면 나의 성격을 명확히 관찰할 수 있어요.

48

다른 사람들은 나를 어떻게 표현할까?

나의 아집에서 벗어나고 싶을 때

다른 사람이 나를 잘못 평가할 때

객관적으로 나란 사람을 알고 싶을 때

너 자신을 알라. 고대 그리스에서 사람들을 붙잡고 거침없이 질문을 던지는 남자가 있었어요. 추남으로 잘 알려진 소크라테스입니다. 그가 가장 많이 한 말이 바로 "너 자신을 알라"였어요. 실제로 이 말은 델포이의 아폴론 신전 현관 기둥에 새겨져 있었어요. 예나 지금이나 자기 자신을 아는 것은 힘든 일입니다. 소크라테스가 다른 사람들보다 나았던 점이 "나는 내가 아무것도 모른다는 것을 안다"는 깨달음이었어요. 우리는 과연 나 자신을 얼마나 알고 있을까요? 국민학교 다닐 때 방학이 되면 선생님께서 '통지표'의 가정통신란에 한 마디씩 써주셨던 기억이 있습니다. 선생님이 남긴 말을 통해 제가 몰랐던 제 모습을 깨닫곤 했죠. "머리는 좋으나 노력을 안 합니다." "친구들과 사이좋게 지내지만 주의가 산만합니다." 대개 반전이 있었어요.

우리는 타고난 에고이스트입니다. 매사를 자기중심적으로 이해해요. 그러다 편협해지기 쉽죠. 긍정적인 생각이든 부정적인 생각이든 일단 좁은 한계 안에 갇히면 빠져나오기가 힘듭니다. 그럴 때는 제3자의 의견을 듣는 게 좋아요. 만약 중대한 사안에 대해 다른 사람의 의견을 듣기 힘든 상황이라면, 1인칭으로 생각을 정리한 다음 그 글을 3인칭 시점으로 바꿔보는 것입니다. 이 방법은 실제로 심리적 어려움을 겪는 사람들에게 큰 치유 효과가 있다고 알려져 있어요. 힘들었던 기억, 현재 겪는 고통, 미래의 숱한 걱정들에 이 방법을 적용해보세요. 또 다른 나를 만날 수 있을 것입니다.

48 Journal

1. '나'를 주어로 나를 설명해 써보세요. 200자 이내.

나는 소심하고 부끄러움을 많이 타며 소극적인 편이다. 나는 사교성이 없어 친구 사귀기가 어렵다.

하지만 일단 친구가 되면 깊게 사귄다.

2. 앞의 내용을 1인칭 주어에서 3인칭으로 바꿔 나를 설명해 보세요.

그녀는 조용하고 사색적인 분이기다. 그래서인지 그녀는 늘 혼자 있는 시간을 좋아하는 것 같다.

그녀에게 더 가까이 다가가고 싶은데, 왠지 그녀가 부담스러워 할 것 같다.

3. 관점의 변화를 통해 나의 어떤 점을 새롭게 발견했는지 적어보세요.

49

내가 자주 꾸는 꿈은?

특정한 사람이나 상황이 꿈에 자주 나올 때
간밤에 꿈자리가 사나울 때
꿈을 꾸고 나면 어떤 일이 벌어질 때

우리의 전체의식은 의식과 전의식, 무의식으로 나뉩니다. 그중 무의식이 대부분을 차지하죠. 하지만 뇌과학이 아무리 발달해도 우리가 무의식을 제대로 이해하기는 힘들어요. 결국 우리는 평생 나 자신에 대해 아주 조금만 알고 이해하며 살다가 죽는 셈입니다. 그나마 꿈이 있어 위안이 되죠. 꿈은 강력한 무의식의 실현입니다. 꿈을 통해 우리는 전체의식을 아주 조금이나마 이해할 수 있습니다.

정신과의사이자 뛰어난 상담가인 주디스 올로프는 최신 신경생리학이나 뇌과학에 바탕으로 일반인들이 접근하기 쉽고 이해하기 쉬운 꿈 해석과 대처법을 제공했어요. 그녀는 많은 사람들이 자신이 꾼 꿈을 제대로 자각하지 못하는 이유로 너무 일찍 일어나는 것, 그리고 꿈에서 일어난 일을 바로 적어두지 않는 것 두 가지를 꼽습니다. 밤늦게까지 깨어 있는 현대인은 밤새 꾼 꿈마저도 놓치고 사는 것이죠. 그녀는 자신의 꿈을 잘 이해하면 지혜와 영성까지 경험할 수 있다며 꿈을 소중히 다룰 것을 조언합니다.

49 Journal

당신의 침대 곁에 공책과 펜을 두고, 깨어나면 즉시 꿈 내용을 구체적으로 적어보세요. 영화나 단편소설에 제목을 붙이듯 당신의 꿈에 제목을 붙여보는 것도 좋습니다. 그 꿈에서 어떤 의미와 생각들을 발견했나요? 그 꿈에서 어떤 점을 배웠고, 어떤 점을 느꼈는지를 적어보세요.

나의 꿈 일기장 (예)

일자	꿈 제목 : 꿈에 나타난 아빠	느낀 점
2017년 8월 1일	어젯밤 꿈에 돌아가신 아버지가 나타났다. 아버지는 아픈 모습으로 계셨고, 나는 '아버지가 돌아가셨는데,, 살아가시네' 하고 의아한 생각과 동시에 살아계신 것에 안도를 한다.	갑작스런 아버지의 죽음에 제대로 이별하지 못한 나는 아직까지도 아버지의 죽음을 받아들이지 못하고 있는 것 같다.

나의 꿈 일기장

일자	꿈 제목 : 보이는 뼈와 살들	느낀 점
2017년 8월 1일	어젯밤 꿈에 돌아가신 아버지가 나타났다. 아버지는 아픈 모습으로 계셨고, 나는 '아버지가 돌아가셨는데, 살아가시네' 하고 의아한 생각과 동시에 살아계신 것에 안도를 한다.	갑작스런 아버지의 죽음에 제대로 이별하지 못한 나는 이직까지도 아버지의 죽음을 받아들이지 못하고 있는 것 같다.

년 월 일

나의 꿈 일기장

일자	꿈 제목 :	느낀 점

50

나의 전성기는 언제일까?

갈수록 자신감이 없어질 때
자꾸 남들에게 뒤처진다고 느낄 때
더 이상 발전하기 힘들다고 느낄 때

지금은 당신의 '리즈 시절'인가요? 요즘은 전성기라는 말 대신 '리즈 시절'이라는 표현이 많이 눈에 띄네요. 자랑같이 들릴까봐 조심스러운데, 저는 '리즈 시절'을 맞이한 것 같습니다. 앞서도 고백했듯 서른 살 즈음 극심한 우울증을 앓고 나니 세상을 보는 관점, 삶의 자세, 삶의 기준 등 아주 많은 것이 달라졌어요. 살아 있음에 감사하게 됐고, 자연스럽게 있는 그대로의 제 자신과 제 삶에 만족하게 됐어요. 긍정의 기운이 생기니 좋은 생각들이 일어나고, 자신감도 생기고요. 선순환이 일어남을 깨닫습니다. 최고는 아니지만 최선을 다하고, 그 결과에 만족합니다. 저는 '성장감'이란 말을 참 좋아합니다. 자기 격려를 통한 성장은 죽는 순간까지 우리가 추구해야 하는 가치 가운데 하나예요.

경쟁을 부추기는 세상이죠. 내가 정하지 않은 성공의 기준 때문에 괴롭습니다. '나'는 '너'가 아닐 때 비로소 진정한 내가 됩니다. 잘 알다시피 나와 '남'은 같은 사람이 아니에요. 엄연히 서로 다른 사람들에게 똑같은 방식으로 살라고 강요하는 것은 폭력이나 다름없어요. 내 역량에 맞게 기준을 세우고 즐겁게 노력하면서 살아간다면 느리지만 조금씩 성장하는 나를 발견할 수 있을 거예요. 인간은 성장하는 존재입니다. 인생은 바로 성장 그 자체여야 해요. 우리는 이미 조금씩 성장해왔고 지금도 성장해가는 중입니다. 큰 성장은 언제나 작은 성장들의 총합이에요. 내 안에 존재하는 숱한 작은 성장들에 가치와 의미를 붙이는 작업은 그래서 참으로 소중한 일입니다.

50 Journal

다음과 문장을 그대로 따라 써봅니다. 쓰면서 나에게 용기를 전하면 좋겠습니다.

"나는 나날이 잘해내고 있습니다."

"나는 나날이 멋져지고 있습니다."

"나는 나날이 성장하고 있습니다."

"나는 나날이 변화하고 있습니다."

2. 나에게 전하는 용기에 힘을 얻으셨나요? 새로운 성장의 순간을 맞이하기 위한 나의 다짐을 적어보세요.

51

나에게 가장 소중한 것은?

삶의 우선순위를 정하고 싶을 때
나에게 무엇이 소중한지 알고 싶을 때
이상과 현실 사이에서 고민할 때

지금까지 자아탐색은 순조로웠나요? 당신은 이제 자신에 대해 전보다 많이 알게 되었을 것입니다. 어떤 부분은 꽤 깊이 이해하게 되었을 거예요. 자신을 잘 이해할수록 인생을 좀 더 풍요롭게 이끌어갈 수 있습니다. 무엇보다도 더 분명한 목표와 더 선명한 가치들을 세우고 따를 수 있게 되죠.

이제 당신은 자신과 관련된 많은 것들에 대해 좀 더 높은 감식안을 갖게 되었을 것입니다. 타인과의 관계, 나의 감정, 타고난 기질과 재능, 남들과는 다른 나만의 특성, 나의 적성과 그것에 맞는 일, 미래에 대한 관점과 바람들, 꿈과 희망, 장차 이루고자 하는 일 등 나를 구성하는 수많은 요소들을 점검하며 성장과 성숙을 경험했을 것입니다.

이쯤에서 반드시 물어야 할 질문이 있어요. 무엇을 위해 살아야 할까요? 이 질문은 피할 수 없고, 또 제대로 답해야 하는 물음입니다. 한두 가지 대답으로 한

정할 필요도 없지만, 너무 많은 계획들로 자신을 얽매는 것도 좋지 않아요. 부도덕하거나 비정상적인 목표가 아니라면 목표의 한계를 정할 필요는 없어요. 다만 몇 년, 몇 십이 지나도 자신을 굳게 붙잡아줄 만한 좌우명 같은 것이라면 더 좋겠습니다. 생각을 가다듬어 엄선한 뒤 적어도 좋겠습니다.

51 Journal

여러 갈래의 길이 있습니다. 어떤 길로 가야 할지는 오로지 당신 몫입니다. 삶의 기로에서 선택은 쉽지 않습니다. 그럴 때, 선택의 기준이 되는 것이 있습니다. 당신이 지향하는 삶의 목표, 방향, 가치가 바로 그것입니다. 이처럼 당신의 길을 밝혀줄 삶의 좌우명을 10가지 적어보세요.

년 월 일

삶의 좌우명 ➔

하나,

둘,

셋,

넷,

다섯,

여섯,

일곱,

여덟,

아홉,

열,

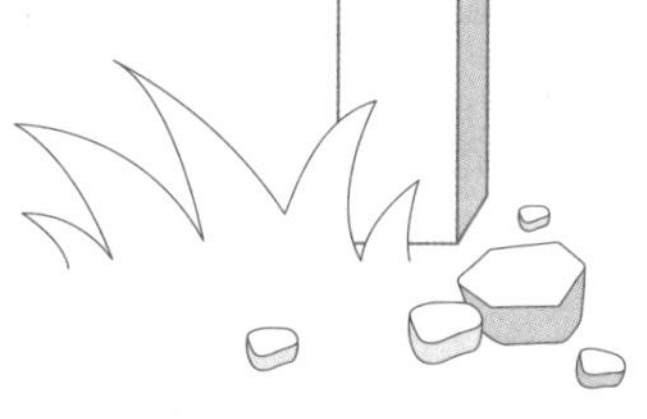

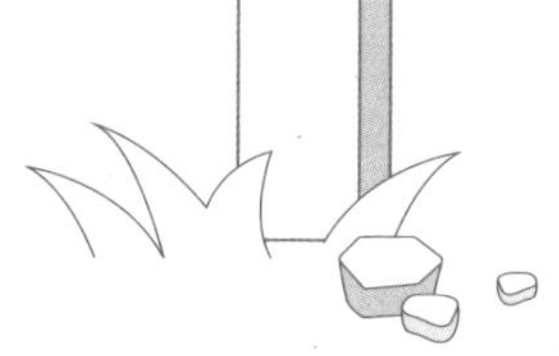

52

다시, 나는 누구일까?

나답게 살고 싶을 때
내 삶에 확신을 갖고 싶을 때
나에 대해 진지하고 묻고 싶을 때

지금까지 자아탐색의 과정을 무사히 거쳐온 당신에게 박수를 보냅니다. 쉽지 않은 여정이었을 거예요. 수고하셨어요. 그동안 당신에게 많은 변화가 일어났을 줄 압니다. 어떤 변화든 환영합니다. 이제 당신은 본격적으로 자기 자신과 더불어 충만한 삶을 살아갈 테니까요.

처음에 '나는 누구인가?'라는 질문을 던지고 가만히 당신의 대답을 기다렸습니다. 그때 많이 난감해하며 머뭇거리던 당신의 모습이 기억나는군요. 그동안 자아탐색의 여정을 거쳐온 당신의 자의식은 높아졌을 것이고, 심리상태는 한결 편안해졌으며, 세상을 바라보는 눈은 너그러워졌을 거예요. 자기이해나 자아성찰은 인생을 살아가는 가장 중요한 버팀목입니다. 그것 없이 사는 것은 결핍의 삶임을 이제 당신은 잘 알게 되었어요.

인간은 성장하는 존재입니다. 발달과 성장은 평생 동안 진행될 일이죠. 지금 이 순간의 당신이 미래 당신의 전부라고 할 수 없어요. 당신은 또 성장할 테니까요. 당신 안의 여러 자아들을 하나씩 점검해보세요. 그리고 그 자아들을 아우르는 통합적 자아의 성격과 특성에 대해서도 적어보세요. 자신의 장단점에 대해서는 이제 똑똑하게 알게 되었을 것입니다. 지금, 다시 당신은 누구인가요?

52 Journal

당신 앞에 한 그루의 나무가 서 있습니다. 아직은 앙상한 모습이지만, 당신의 결심에 따라 얼마든지 어떤 꽃이나 열매도 피워낼 수 있습니다. 자, 당신의 자아 나무에는 어떤 열매가 맺기를 원하나요? 당신의 자아나무에 새로운 이름을 붙여보세요. 그 이름으로 자아나무에 열매를 달아보세요. 당신이 부르는 대로 당신이 됩니다.

나는 ____________________ 입니다.

나는 ____________________ 입니다.

나는 ____________________ 입니다.

나는 ____________________ 입니다.

나는 ____________________ 입니다.

나는 ____________________ 입니다.

나는 ____________________ 입니다.

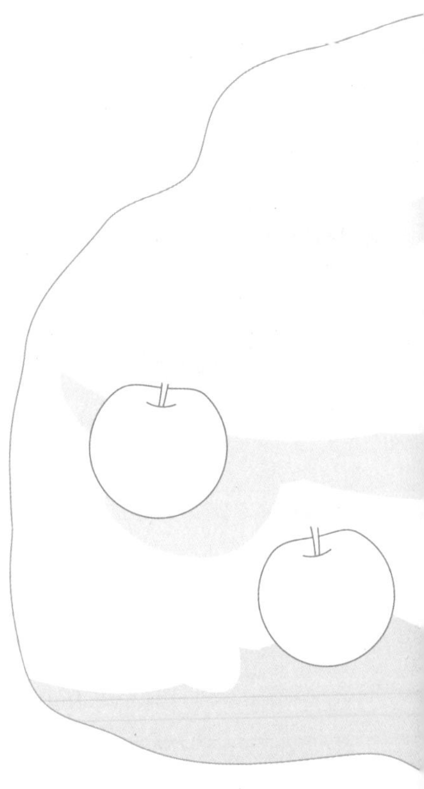

년 월 일

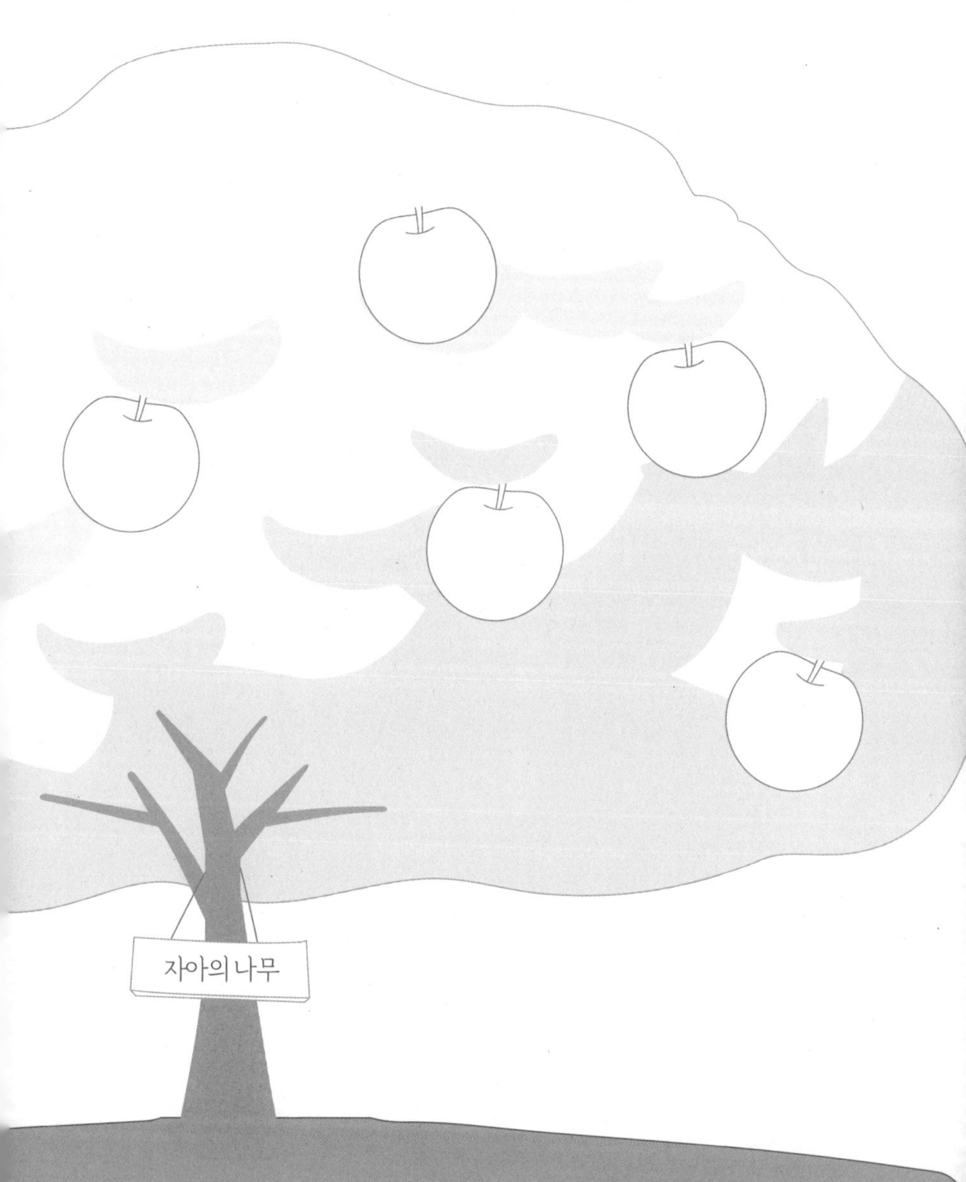

마음의
일기

초판 1쇄 인쇄 2017년 6월 30일
초판 1쇄 발행 2017년 7월 7일

지은이 | 박민근
펴낸이 | 성미옥
펴낸곳 | 생각속의집

출판등록 2010년 5월 18일 제300-2010-66호
주소 | 서울특별시 종로구 창경궁로35길 21(혜화동 53-9), 1층
전화 | (02)318-6818 팩스 | (02)318-6613
전자우편 | houseinmind@gmail.com

ISBN 979-11-86118-22-1 03180